I0341721

www.ingramcontent.com/pod-product-compliance
Lightning Source LLC
Chambersburg PA
CBHW060539010526
44119CB00053B/764
9781088248805

לוּחַ שָׁנָה
עַל פִּי הַקַּבָּלָה

JEWISH KABBALAH CALENDAR
In Hebrew

פַּרְצוּף הַיָּמִים וּפַרְצוּף הַזְּמַנִּים

לוּחַ שָׁנָה – לִשְׁנַת

תשפ"ו

2025–2026

SimchatChaim.com

ידוע כי אין בר בלי תבן, כך אין ספר בלי טעויות, ועוד יודע אני כי דל ועני אני, ואין עני אלא בדעה. לכן מבקש אני בכל לשון של בקשה אם יש לכל אחד שאלות, הערות, הארות, תיקונים, נא לשלוח ל - simchatchaim@yahoo.com והשתדל לענות, ולתקן את הצריך תיקון.

אין לעשות שימוש כל שהוא בחומר שבחלק זה לצורך מסחרי, אלא רק ללמוד וללמד. להשיג ספר זה או ספרים אחרים לאינפורמציה simchatchaim@yahoo.com

Copyright © All Rights reserved to Itzhak Hoki Aboudi

כל הזכויות שמורות למהדיר © יצחק חוגי עבודי

מהדורה רביעית לשנת תשפ"ו

ביאור קצר על מחברת זאת

בפסיקתא רבתי סוף פרק כ"ב וז"ל - מפני מה ישראל מתפללים ואינן נענים? רבי יהושוע בן לוי בשם רבי פינחס בן יאיר - מפני יודעים סוד שם המפורש, ואית ליה קרייא סגייה, לכן - ידע עמי שמי, לכן ביום כי אני הוא המדבר הנני...וידעת את הוי"ה....אשגביהו כי ידע שמי יקראני ואענהו וגו'.

בגמרא מבואר כי האדם נידון בכל יום ויום, בכל שעה ושעה, ובכל רגע ורגע בחיים.

ועוד בגמרא מבואר כי כל שעה מתחלקת ל 53,848 חלקים, וכל אחד מחלקים אלו נקרא רגע.

כתב הרי"ח הטוב בספרו הטהור בן איש חי, בהקדמה לפרשת תרומה שנה ראשונה - ולכן כתב רבינו הרש"ש ז"ל בנהר שלום, שצריך המתפלל לידע באיזה פרצוף היא אותה השנה, ובאיזו ספירה הוא אותו החודש, ובאיזו ספירה מספירות אותה הספירה הוא אותו שבוע, ובאיזו ספירה משׁשה קצוות דאותו שבוע הוא אותו היום, כדי לברר ולהעלות הברורים המתייחסים לכל יום ויום כראוי וכנכון וכו'.....

וז"ל מרן הרש"ש - נהר שלום דכ"ד ע"א - ואלו הזו"ן הכוללים דכל הכ"ד שעות הם זו"ן דפרטות דספירה אחת, הוא פרצוף אחד, דמלך אחד משבעה מלכי זו"ן הכוללים דכל שבוע, אשר תיקונם הוא בהמשך שבוע אחד, מלך אחד ליום, וביום שבת הוא זווגם, וסדר תיקונם וזכותם ועלייתם הוא משבוע לשבוע, עד א"ס ב"ה ספר כתב יד. ואלו הזו"ן הכוללים דכל שבוע, הם מלבד הזו"ן הפרטים דאבא, או דאימא, או דז"א, או דנוקבא דז"א [הכוללים] דכל חדש, אשר תיקונם הוא בהמשך ארבעה שבועות דכל חדש, ואלו הזו"ן [דכל חדש הם זו"ן דפרטות דספירה אחת מו"ק דזו"ן דכללות דששה חדשי הקיץ או החורף, כי בהמשך ששה חדשי החורף נתקני' ו"ק דז"א, והם מ"ה דמ"ה עם מ"ה דב"ן. ובששה חדשי הקיץ נתקנים ו"ק דנוקבא, והם ב"ן דמ"ה עם ב"ן דב"ן. כל קצה בחדש אחד, חסד בתשרי, גבורה בחשון, כו'.

כל חודש כלול מארבעה שבועות, שבהם נתקנים ארבעה אותיות הוי"ה דכללות העשר ספירות דכל קצה, שהם או"א וזו"ן דאותו הקצה. וכל שבוע כלול משבעה ימים, לתקן השבעה מלכים דכל אחד מארבעה פרצופים הנזכרים לעיל דכל קצה. ספר כתב יד]. ובכללות קיץ וחורף נתקנים הזו"ן דכללות השנה, אשר כל עצמם הם זו"ן דפרטות דספירה אחת, שהוא פרצוף אחד דמלך אחד משבעה מלכי זו"ן הכוללים דכל שמיטה, שתיקונם הוא בהמשך השבע שנים דכל שמיטה, וכל עצמם הם זו"ן דפרטות דספירה אחת, שהוא פרצוף אחד, דמלך אחד משבעה מלכי זו"ן הכוללים דכל יובל, אשר תיקונם הוא בהמשך שבעה שמטות. וכל אלו סדר תיקון הבירורים שלהם והמשכת המוחין להם וכל פרטי תיקונם, הוא על דרך הנזכר לעיל בזו"ן דכללות דכל הכ"ד שעות, וד"ל. ובע"ה יתבאר כל ענין במקומו באורך ובפרטות בס"ד.

תיקוני הפנים בחודשי השנה

חודש	ספירה	תיקוני גולגלתא	צירוף	פסוק
ניסן	חסד	גולגלתא דנוק'	יְהֹוָה אֲהִיָה	יִשְׂמְחוּ הַשָּׁמַיִם וְתָגֵל הָאָרֶץ
אייר	גבורה	אוזן ימין דנוק'	יְהַהְו אֲהַהְי	יִתְהַלֵּל הַמִּתְהַלֵּל הַשְׂכֵּל וְיָדֹעַ
סיון	תפארת	אוזן שמאל דנוק'	יְוהַה אִיהַה	יְדֹתָיו וּלְצֶלַע הַמִּשְׁכָּן הַשֵּׁנִית
תמוז	נצח	עין ימין דנוק'	הֶוהְי הֶיהְא	זֶה אֵינֶנּוּ שֹׁוֶה לִי
אב	הוד	עין שמאל דנוק'	הַוִיהַ הַיאַהַ	הַסְכֵּת וּשְׁמַע יִשְׂרָאֵל הַיּוֹם
אלול	יסוד	חוטם דנוק'	הַהְוָי הַהְיָא	וּצְדָקָה תִּהְיֶה לָּנוּ כִּי
תשרי	חסד	גולגלתא דז"א	וָהַיָה יָהַאָה	וַיִּרְאוּ אֹתָהּ שָׂרֵי פַרְעֹה
חשון	גבורה	אוזן ימין דז"א	וַהַהְי יַהַהְו	וּכְבֶשׂ הַיּוֹם הַזֶּה יְהוָה
כסלו	תפארת	אוזן שמאל דז"א	וַיְהַה יַאהַה	וַיַּרְא יוֹשֵׁב הָאָרֶץ הַכְּנַעֲנִי
טבת	נצח	עין ימין דז"א	הַיהְו הַאהְי	לַיהוָה אִתִּי וּנְרוֹמְמָה שְׁמוֹ
שבט	הוד	עין שמאל דז"א	הַיְוה הַאְיה	הָמֵר יְמִירֶנּוּ וְהָיָה הוּא
אדר	יסוד	חוטם דז"א	הַהְיְו הַהְאְי	עִירֹה וְלַשֹּׂרֵקָה בְּנִי אֲתֹנוֹ

בשנה מעוברת, כאשר יש אדר שני, מתקנים את בחינת **הפה דז"א**, ומכוונים בכל הצירופים של כל החודשים.

SimchatChaim.com

פרצוף הימים – חודש תשרי חסד וַהְיָ"הַ יַהֹאָ"הַ גלגלתא דז"א

זריחה עד חצות היום		מחצות היום עד השקיעה		מהשקיעה עד חצות הלילה		חצות הלילה עד הזריחה	
שעה ראשונה	חסד יהו"ה	שעה שביעית	חסד והי"ה	שעה ראשונה	חסד והי"ה	שעה שביעית	חסד ההי"ו
שעה שניה	גבורה יהה"ו	שעה שמינית	גבורה והה"י	שעה שניה	גבורה והה"י	שעה שמינית	גבורה ההו"י
שעה שלישית	ת"ת יוה"ה	שעה תשיעית	ת"ת ויה"ה	שעה שלישית	ת"ת ויה"ה	שעה תשיעית	ת"ת היו"ה
שעה רביעית	נצח ההי"ו	שעה עשירית	נצח הוי"ה	שעה רביעית	נצח והי"ה	שעה עשירית	נצח יהו"ה
שעה חמישית	הוד ההו"י	שעה י"א	הוד היה"ו	שעה חמישית	הוד והה"י	שעה י"א	הוד יהה"ו
שעה שישית	יסוד היו"ה	שעה י"ב	יסוד הוה"י	שעה שישית	יסוד ויה"ה	שעה י"ב	יסוד יוה"ה
דמ"ה דמ"ה		דמ"ה דב"ן		דב"ן דב"ן		דב"ן דמ"ה	

שחרית — כלי פנימי
מנחה — כלי אמצעי
ערבית — כלי חיצון

פסוק לצרופי החדש

וַיִּרְאוּ אֹתָהּ שָׂרֵי פַרְעֹה

ו"ק דזוג"ת נה"י דזוג"ת

חג \ מועד	יום		יום בשבוע		יום בחודש		חודש	ז"א\נוק
ראש השנה	שלישי	א	תפארת		דא"א		דחסד	דז"א
ראש השנה	רביעי	ב	נצח	י	דאבא		דחסד	דז"א
צום גדליהו	חמישי	ג	הוד	י	דאבא	שבוע א'	דחסד	דז"א
	שישי	ד	יסוד	י	דאבא		דחסד	דז"א
	שבת	ה	מלכות	י	דאבא		דחסד	דז"א
	ראשון	ו	חסד	י	דאבא		דחסד	דז"א
	שני	ז	גבורה	י	דאבא		דחסד	דז"א
	שלישי	ח	תפארת	י	דאבא		דחסד	דז"א
ערב כיפור	רביעי	ט	נצח	ה	דאימא	שבוע ב'	דחסד	דז"א
יום כיפור	חמישי	י	הוד	ה	דאימא		דחסד	דז"א
	שישי	יא	יסוד	ה	דאימא		דחסד	דז"א
	שבת	יב	מלכות	ה	דאימא		דחסד	דז"א
	ראשון	יג	חסד	ה	דאימא		דחסד	דז"א
	שני	יד	גבורה	ה	דאימא		דחסד	דז"א
חג הסוכות	שלישי	טו	תפארת	ה	דאימא		דחסד	דז"א
חול המועד	רביעי	טז	נצח	ו	דז"א	שבוע ג'	דחסד	דז"א
חול המועד	חמישי	יז	הוד	ו	דז"א		דחסד	דז"א
חול המועד	שישי	יח	יסוד	ו	דז"א		דחסד	דז"א
חול המועד	שבת	יט	מלכות	ו	דז"א		דחסד	דז"א
חול המועד	ראשון	כ	חסד	ו	דז"א		דחסד	דז"א
הושענה רבא	שני	כא	גבורה	ו	דז"א		דחסד	דז"א
שמיני עצרת	שלישי	כב	תפארת	ו	דז"א		דחסד	דז"א
	רביעי	כג	נצח	ה	דנוקבא	שבוע ד'	דחסד	דז"א
	חמישי	כד	הוד	ה	דנוקבא		דחסד	דז"א
	שישי	כה	יסוד	ה	דנוקבא		דחסד	דז"א
	שבת	כו	מלכות	ה	דנוקבא		דחסד	דז"א
	ראשון	כז	חסד	ה	דנוקבא		דחסד	דז"א
	שני	כח	גבורה	ה	דנוקבא		דחסד	דז"א
	שלישי	כט	תפארת	ה	דנוקבא		דחסד	דז"א

שנת

תשפ"ו

ז"מ דכ"א ז"מ
א - בלע
ב - יובב
ג - חשם
ד - הדד בן בדד
ה - שמלה
ו - שאול
ז - בן חנן
ר"ה - כולם דכ"א

מ"ה דמ"ה ומ"ה דב"ן

שנה	עשור	מאות	אלף
דתפארת	דיסוד	דהוד	דיסוד

SimchatChaim.com

פרצוף הימים – חודש חשון גבורה וההי יההא און ימין דז"א

זריחה עד חצות היום		מחצות היום עד השקיעה		מהשקיעה עד חצות הלילה		חצות הלילה עד הזריחה	
שעה ראשונה	חסד יהו"ה	שעה שביעית	חסד והי"ה	שעה ראשונה	חסד והי"ה	שעה שביעית	חסד ההי"ו
שעה שניה	גבורה יהה"ו	שעה שמינית	גבורה והה"י	שעה שניה	גבורה והה"י	שעה שמינית	גבורה ההו"י
שעה שלישית	ת"ת יוה"ה	שעה תשיעית	ת"ת ויה"ה	שעה שלישית	ת"ת ויה"ה	שעה תשיעית	ת"ת היו"ה
שעה רביעית	נצח ההי"ו	שעה עשירית	נצח הוי"ה	שעה רביעית	נצח והי"ה	שעה עשירית	נצח יהו"ה
שעה חמישית	הוד ההו"י	שעה י"א	הוד היה"ו	שעה חמישית	הוד והה"י	שעה י"א	הוד יהה"ו
שעה שישית	יסוד היו"ה	שעה י"ב	יסוד הוה"י	שעה שישית	יסוד ויה"ה	שעה י"ב	יסוד יוה"ה
	דמ"ה דמ"ה		דמ"ה דב"ן		דב"ן דב"ן		דב"ן דמ"ה

שחרית	מנחה	ערבית
כלי פנימי	כלי אמצעי	כלי חיצון

פָּסוּק לְצֵרוּפֵי הַחֹדֶשׁ

וּדְבַשׁ הַיּוֹם הַזֶּה יְהוָה

ו"ק דחג"ת נה"י דחג"ת

חג \מועד	יום		יום בשבוע			יום בחודש	חודש	ז"א\נוק
ראש חדש	רביעי	ל	נצח			דא"א	דגבורה	דז"א
ראש חדש	חמישי	א	הוד			דא"א	דגבורה	דז"א
	שישי	ב	יסוד	י	שבוע א'	דאבא	דגבורה	דז"א
	שבת	ג	מלכות	י		דאבא	דגבורה	דז"א
	ראשון	ד	חסד	י		דאבא	דגבורה	דז"א
	שני	ה	גבורה	י		דאבא	דגבורה	דז"א
	שלישי	ו	תפארת	י		דאבא	דגבורה	דז"א
	רביעי	ז	נצח	י		דאבא	דגבורה	דז"א
	חמישי	ח	הוד	י		דאבא	דגבורה	דז"א
	שישי	ט	יסוד	ה	שבוע ב'	דאימא	דגבורה	דז"א
	שבת	י	מלכות	ה		דאימא	דגבורה	דז"א
	ראשון	יא	חסד	ה		דאימא	דגבורה	דז"א
	שני	יב	גבורה	ה		דאימא	דגבורה	דז"א
	שלישי	יג	תפארת	ה		דאימא	דגבורה	דז"א
	רביעי	יד	נצח	ה		דאימא	דגבורה	דז"א
	חמישי	טו	הוד	ה		דאימא	דגבורה	דז"א
	שישי	טז	יסוד	ו	שבוע ג'	דז"א	דגבורה	דז"א
	שבת	יז	מלכות	ו		דז"א	דגבורה	דז"א
	ראשון	יח	חסד	ו		דז"א	דגבורה	דז"א
	שני	יט	גבורה	ו		דז"א	דגבורה	דז"א
	שלישי	כ	תפארת	ו		דז"א	דגבורה	דז"א
	רביעי	כא	נצח	ו		דז"א	דגבורה	דז"א
	חמישי	כב	הוד	ו		דז"א	דגבורה	דז"א
	שישי	כג	יסוד	ה	שבוע ד'	דנוקבא	דגבורה	דז"א
	שבת	כד	מלכות	ה		דנוקבא	דגבורה	דז"א
	ראשון	כה	חסד	ה		דנוקבא	דגבורה	דז"א
	שני	כו	גבורה	ה		דנוקבא	דגבורה	דז"א
	שלישי	כז	תפארת	ה		דנוקבא	דגבורה	דז"א
	רביעי	כח	נצח	ה		דנוקבא	דגבורה	דז"א
	חמישי	כט	הוד	ה		דנוקבא	דגבורה	דז"א

שנת
תשפ"ו

ז"מ דכ"א ז"מ
א - בלע
ב - יובב
ג - חשם
ד - הדד בן בדד
ה - שמלה
ו - שאול
ז - בן חנן
ר"ח - כולם דכ"א

מ"ה דמ"ה ומ"ה דב"ן

שנה	עשור	מאות	אלף
דתפארת	דיסוד	דהוד	דיסוד

פרצוף הימים – חודש כסלו תפארת וַיְהָ"הַ יַאהְ"הַ אזן שמאל דז"א

זריחה עד חצות היום		מחצות היום עד השקיעה		מהשקיעה עד חצות הלילה		חצות הלילה עד הזריחה	
שעה ראשונה	חסד יהו"ה	שעה שביעית	חסד והי"ה	שעה ראשונה	חסד והי"ה	שעה שביעית	חסד ההי"ו
שעה שניה	גבורה יהה"ו	שעה שמינית	גבורה והה"י	שעה שניה	גבורה והה"י	שעה שמינית	גבורה ההו"י
שעה שלישית	ת"ת יוה"ה	שעה תשיעית	ת"ת ויה"ה	שעה שלישית	ת"ת ויה"ה	שעה תשיעית	ת"ת היו"ה
שעה רביעית	נצח ההי"ו	שעה עשירית	נצח הוי"ה	שעה רביעית	נצח והי"ה	שעה עשירית	נצח יהו"ה
שעה חמישית	הוד ההו"י	שעה י"א	הוד היה"ו	שעה חמישית	הוד והה"י	שעה י"א	הוד יהה"ו
שעה שישית	יסוד היו"ה	שעה י"ב	יסוד הוה"י	שעה שישית	יסוד ויה"ה	שעה י"ב	יסוד יוה"ה
דמ"ה דמ"ה		דמ"ה דב"ן		דב"ן דב"ן		דב"ן דמ"ה	

שחרית כלי פנימי

מנחה כלי אמצעי

ערבית כלי חיצון

פָּסוּק לְצֵרוּפֵי הַחֹדֶשׁ

וַיְּרְא יוֹשֵׁב הָאָרֶץ הַכְּנַעֲנִי

ו"ק דחג"ת נה"י דחג"ת

חג \ מועד	יום		יום בשבוע		יום בחודש		חודש	ז"א\נוק
ראש חדש	שישי	א	יסוד		דא"א		דתפארת	דז"א
	שבת	ב	מלכות	י	דאבא	שבוע א	דתפארת	דז"א
	ראשון	ג	חסד	י	דאבא		דתפארת	דז"א
	שני	ד	גבורה	י	דאבא		דתפארת	דז"א
	שלישי	ה	תפארת	י	דאבא		דתפארת	דז"א
	רביעי	ו	נצח	י	דאבא		דתפארת	דז"א
	חמישי	ז	הוד	י	דאבא		דתפארת	דז"א
	שישי	ח	יסוד	י	דאבא		דתפארת	דז"א
	שבת	ט	מלכות	ה	דאימא	שבוע ב	דתפארת	דז"א
	ראשון	י	חסד	ה	דאימא		דתפארת	דז"א
	שני	יא	גבורה	ה	דאימא		דתפארת	דז"א
	שלישי	יב	תפארת	ה	דאימא		דתפארת	דז"א
	רביעי	יג	נצח	ה	דאימא		דתפארת	דז"א
	חמישי	יד	הוד	ה	דאימא		דתפארת	דז"א
	שישי	טו	יסוד	ה	דאימא		דתפארת	דז"א
	שבת	טז	מלכות	ו	דז"א	שבוע ג	דתפארת	דז"א
	ראשון	יז	חסד	ו	דז"א		דתפארת	דז"א
	שני	יח	גבורה	ו	דז"א		דתפארת	דז"א
	שלישי	יט	תפארת	ו	דז"א		דתפארת	דז"א
	רביעי	כ	נצח	ו	דז"א		דתפארת	דז"א
	חמישי	כא	הוד	ו	דז"א		דתפארת	דז"א
	שישי	כב	יסוד	ו	דז"א		דתפארת	דז"א
	שבת	כג	מלכות	ה	דנוקבא	שבוע ד	דתפארת	דז"א
	ראשון	כד	חסד	ה	דנוקבא		דתפארת	דז"א
א חנוכה	שני	כה	גבורה	ה	דנוקבא		דתפארת	דז"א
ב חנוכה	שלישי	כו	תפארת	ה	דנוקבא		דתפארת	דז"א
ג חנוכה	רביעי	כז	נצח	ה	דנוקבא		דתפארת	דז"א
ד חנוכה	חמישי	כח	הוד	ה	דנוקבא		דתפארת	דז"א
ה חנוכה	שישי	כט	יסוד	ה	דנוקבא		דתפארת	דז"א

שנת

תשפ"ו

ז"מ דכ"א ז"מ
א - בלע
ב - יובב
ג - חשם
ד - הדד בן בדד
ה - שמלה
ו - שאול
ז - בן חנן
ר"ח - כולם דכ"א

מ"ה דמ"ה ומ"ה דב"ן

אלף	מאות	עשור	שנה
דיסוד	דהוד	דיסוד	דתפארת

SimchatChaim.com

פרצוף הימים – חודש טבת נצח היהו"ן יאהו"י עין ימין דז"א

זריחה עד חצות היום		מחצות היום עד השקיעה		מהשקיעה עד חצות הלילה		חצות הלילה עד הזריחה	
שעה ראשונה	חסד יהו"ה	שעה שביעית	חסד והי"ה	שעה ראשונה	חסד והי"ה	שעה שביעית	חסד ההי"ו
שעה שניה	גבורה יהה"ו	שעה שמינית	גבורה וחה"י	שעה שניה	גבורה וחה"י	שעה שמינית	גבורה ההו"י
שעה שלישית	ת"ת יוה"ה	שעה תשיעית	ת"ת ויה"ה	שעה שלישית	ת"ת ויה"ה	שעה תשיעית	ת"ת היו"ה
שעה רביעית	נצח ההי"ו	שעה עשירית	נצח הוי"ה	שעה רביעית	נצח והי"ה	שעה עשירית	נצח יהו"ה
שעה חמישית	הוד ההו"י	שעה י"א	הוד היה"ו	שעה חמישית	הוד והה"י	שעה י"א	הוד יהה"ו
שעה שישית	יסוד היו"ה	שעה י"ב	יסוד הוה"י	שעה שישית	יסוד ויה"ה	שעה י"ב	יסוד יוה"ה
דמ"ה דמ"ה		דמ"ה דב"ן		דב"ן דב"ן		דב"ן דמ"ה	

שחרית	מנחה	ערבית
כלי פנימי	כלי אמצעי	כלי חיצון

פסוק לצרופי החדש

לַיהוָה אִתִּי וּנְרוֹמְמָה שְׁמוֹ

ו"ק דחג"ת נה"י דחג"ת

חג \מועד	יום		יום בשבוע		יום בחודש		חודש	ז"א\נוק
ו חנוכה ר"ח	שבת	ל	מלכות		דא"א		דנצח	דז"א
ז חנוכה ר"ח	ראשון	א	חסד		דא"א		דנצח	דז"א
ח חנוכה	שני	ב	גבורה	י	דאבא	שבוע א'	דנצח	דז"א
	שלישי	ג	תפארת	י	דאבא		דנצח	דז"א
	רביעי	ד	נצח	י	דאבא		דנצח	דז"א
	חמישי	ה	הוד	י	דאבא		דנצח	דז"א
	שישי	ו	יסוד	י	דאבא		דנצח	דז"א
	שבת	ז	מלכות	י	דאבא		דנצח	דז"א
	ראשון	ח	חסד	י	דאבא		דנצח	דז"א
	שני	ט	גבורה	ה	דאימא	שבוע ב'	דנצח	דז"א
צום י' בטבת	שלישי	י	תפארת	ה	דאימא		דנצח	דז"א
	רביעי	יא	נצח	ה	דאימא		דנצח	דז"א
	חמישי	יב	הוד	ה	דאימא		דנצח	דז"א
	שישי	יג	יסוד	ה	דאימא		דנצח	דז"א
	שבת	יד	מלכות	ה	דאימא		דנצח	דז"א
	ראשון	טו	חסד	ה	דאימא		דנצח	דז"א
	שני	טז	גבורה	ו	דז"א	שבוע ג'	דנצח	דז"א
	שלישי	יז	תפארת	ו	דז"א		דנצח	דז"א
	רביעי	יח	נצח	ו	דז"א		דנצח	דז"א
	חמישי	יט	הוד	ו	דז"א		דנצח	דז"א
	שישי	כ	יסוד	ו	דז"א		דנצח	דז"א
	שבת	כא	מלכות	ו	דז"א		דנצח	דז"א
	ראשון	כב	חסד	ו	דז"א		דנצח	דז"א
	שני	כג	גבורה	ה	דנוקבא	שבוע ד'	דנצח	דז"א
	שלישי	כד	תפארת	ה	דנוקבא		דנצח	דז"א
	רביעי	כה	נצח	ה	דנוקבא		דנצח	דז"א
	חמישי	כו	הוד	ה	דנוקבא		דנצח	דז"א
	שישי	כז	יסוד	ה	דנוקבא		דנצח	דז"א
	שבת	כח	מלכות	ה	דנוקבא		דנצח	דז"א
	ראשון	כט	חסד	ה	דנוקבא		דנצח	דז"א

שנת

תשפ"ו

ז"מ דכ"א ז"מ
א - בלע
ב - יובב
ג - חשם
ד - הדד בן בדד
ה - שמלה
ו - שאול
ז - בן חנן
ר"ח - כולם דכ"א

מ"ה דמ"ה ומ"ה דב"ן

שנה	עשור	מאות	אלף
דתפארת	דיסוד	דהוד	דיסוד

פרצוף הימים – חודש שבט הוד הְיָוֶ"הִ הָאֱיָ"הִו עין שמאל דז"א

זריחה עד חצות היום		מחצות היום עד השקיעה		מהשקיעה עד חצות הלילה		חצות הלילה עד הזריחה	
שעה ראשונה	חסד יהו"ה	שעה שביעית	חסד והי"ה	שעה ראשונה	חסד והי"ה	שעה שביעית	חסד ההי"ו
שעה שניה	גבורה יהה"ו	שעה שמינית	גבורה וחה"י	שעה שניה	גבורה וחה"י	שעה שמינית	גבורה ההו"י
שעה שלישית	ת"ת יוה"ה	שעה תשיעית	ת"ת ויה"ה	שעה שלישית	ת"ת ויה"ה	שעה תשיעית	ת"ת היו"ה
שעה רביעית	נצח ההי"ו	שעה עשירית	נצח הוי"ה	שעה רביעית	נצח והי"ה	שעה עשירית	נצח יהו"ה
שעה חמישית	הוד ההו"י	שעה י"א	הוד היה"ו	שעה חמישית	הוד וחה"י	שעה י"א	הוד יהה"ו
שעה שישית	יסוד היו"ה	שעה י"ב	יסוד הוה"י	שעה שישית	יסוד ויה"ה	שעה י"ב	יסוד יוה"ה
דמ"ה דמ"ה		דמ"ה דב"ן		דב"ן דב"ן		דב"ן דמ"ה	

שחרית	מנחה	ערבית
כלי פנימי	כלי אמצעי	כלי חיצון

פסוק לצרופי החדש

הָמֵר יְמִירֶנּוּ וְהָיָה הוּא

ו"ק דחג"ת נה"י דחג"ת

חג \מועד	יום		יום בשבוע		יום בחודש		חודש	ז"א\נוק
ראש חודש	שני	א	גבורה		דא"א		דהוד	דז"א
	שלישי	ב	תפארת	י	דאבא	שבוע א'	דהוד	דז"א
	רביעי	ג	נצח	י	דאבא		דהוד	דז"א
	חמישי	ד	הוד	י	דאבא		דהוד	דז"א
	שישי	ה	יסוד	י	דאבא		דהוד	דז"א
	שבת	ו	מלכות	י	דאבא		דהוד	דז"א
	ראשון	ז	חסד	י	דאבא		דהוד	דז"א
	שני	ח	גבורה	י	דאבא		דהוד	דז"א
	שלישי	ט	תפארת	ה	דאימא	שבוע ב'	דהוד	דז"א
	רביעי	י	נצח	ה	דאימא		דהוד	דז"א
	חמישי	יא	הוד	ה	דאימא		דהוד	דז"א
	שישי	יב	יסוד	ה	דאימא		דהוד	דז"א
	שבת	יג	מלכות	ה	דאימא		דהוד	דז"א
	ראשון	יד	חסד	ה	דאימא		דהוד	דז"א
ט"ו בשבט	שני	טו	גבורה	ה	דאימא		דהוד	דז"א
	שלישי	טז	תפארת	ו	דז"א	שבוע ג'	דהוד	דז"א
	רביעי	יז	נצח	ו	דז"א		דהוד	דז"א
	חמישי	יח	הוד	ו	דז"א		דהוד	דז"א
	שישי	יט	יסוד	ו	דז"א		דהוד	דז"א
	שבת	כ	מלכות	ו	דז"א		דהוד	דז"א
	ראשון	כא	חסד	ו	דז"א		דהוד	דז"א
	שני	כב	גבורה	ו	דז"א		דהוד	דז"א
	שלישי	כג	תפארת	ה	דנוקבא	שבוע ד'	דהוד	דז"א
	רביעי	כד	נצח	ה	דנוקבא		דהוד	דז"א
	חמישי	כה	הוד	ה	דנוקבא		דהוד	דז"א
	שישי	כו	יסוד	ה	דנוקבא		דהוד	דז"א
	שבת	כז	מלכות	ה	דנוקבא		דהוד	דז"א
	ראשון	כח	חסד	ה	דנוקבא		דהוד	דז"א
	שני	כט	גבורה	ה	דנוקבא		דהוד	דז"א

שנת

תשפ"ו

ז"מ דכ"א ז"מ
א - בלע
ב - יובב
ג - חשם
ד - הדד בן בדד
ה - שמלה
ו - שאול
ז - בן חנן
ר"ח - כולם דכ"א

מ"ה דמ"ה ומ"ה דב"ן

שנה	עשור	מאות	אלף
דתפארת	דיסוד	דהוד	דיסוד

SimchatChaim.com

פרצוף הימים – חודש אדר יסוד הה׳׳ו הה׳א׳ו חוטמא דז"א

זריחה עד חצות היום		מחצות היום עד השקיעה		מהשקיעה עד חצות הלילה		חצות הלילה עד הזריחה	
שעה ראשונה	חסד יהו"ה	שעה שביעית	חסד והי"ה	שעה ראשונה	חסד והי"ה	שעה שביעית	חסד ההי"ו
שעה שניה	גבורה יהה"ו	שעה שמינית	גבורה והה"י	שעה שניה	גבורה והה"י	שעה שמינית	גבורה ההו"י
שעה שלישית	ת"ת יוה"ה	שעה תשיעית	ת"ת ויה"ה	שעה שלישית	ת"ת ויה"ה	שעה תשיעית	ת"ת היו"ה
שעה רביעית	נצח ההי"ו	שעה עשירית	נצח הוי"ה	שעה רביעית	נצח והי"ה	שעה עשירית	נצח יהו"ה
שעה חמישית	הוד ההו"י	שעה י"א	הוד היה"ו	שעה חמישית	הוד והה"י	שעה י"א	הוד יהה"ו
שעה שישית	יסוד היו"ה	שעה י"ב	יסוד הוה"י	שעה שישית	יסוד ויה"ה	שעה י"ב	יסוד יוה"ה
דמ"ה דמ"ה		דמ"ה דב"ן		דב"ן דב"ן		דב"ן דמ"ה	

שחרית	מנחה	ערבית
כלי פנימי	כלי אמצעי	כלי חיצון

פָסוּק לְצֵרוּפֵי הַחֹדֶשׁ

עִירֹה וְלַשֹּׂרֵקָה בְּנִי אֲתֹנוֹ

ו"ק דחג"ת נה"י דחג"ת

חג \מועד	יום		יום בשבוע		יום בחודש		חודש	ז"א\נוק
ראש חדש	שלישי	ל	תפארת		דא"א		דיסוד	דז"א
ראש חדש	רביעי	א	נצח		דא"א		דיסוד	דז"א
	חמישי	ב	הוד	י	דאבא	שבוע א'	דיסוד	דז"א
	שישי	ג	יסוד	י	דאבא		דיסוד	דז"א
	שבת	ד	מלכות	י	דאבא		דיסוד	דז"א
	ראשון	ה	חסד	י	דאבא		דיסוד	דז"א
	שני	ו	גבורה	י	דאבא		דיסוד	דז"א
	שלישי	ז	תפארת	י	דאבא		דיסוד	דז"א
	רביעי	ח	נצח	י	דאבא		דיסוד	דז"א
	חמישי	ט	הוד	ה	דאימא	שבוע ב'	דיסוד	דז"א
	שישי	י	יסוד	ה	דאימא		דיסוד	דז"א
	שבת	יא	מלכות	ה	דאימא		דיסוד	דז"א
	ראשון	יב	חסד	ה	דאימא		דיסוד	דז"א
תענית אסתר	שני	יג	גבורה	ה	דאימא		דיסוד	דז"א
פורים	שלישי	יד	תפארת	ה	דאימא		דיסוד	דז"א
שושן פורים	רביעי	טו	נצח	ה	דאימא		דיסוד	דז"א
	חמישי	טז	הוד	ו	דז"א	שבוע ג'	דיסוד	דז"א
	שישי	יז	יסוד	ו	דז"א		דיסוד	דז"א
	שבת	יח	מלכות	ו	דז"א		דיסוד	דז"א
	ראשון	יט	חסד	ו	דז"א		דיסוד	דז"א
	שני	כ	גבורה	ו	דז"א		דיסוד	דז"א
	שלישי	כא	תפארת	ו	דז"א		דיסוד	דז"א
	רביעי	כב	נצח	ו	דז"א		דיסוד	דז"א
	חמישי	כג	הוד	ה	דנוקבא	שבוע ד'	דיסוד	דז"א
	שישי	כד	יסוד	ה	דנוקבא		דיסוד	דז"א
	שבת	כה	מלכות	ה	דנוקבא		דיסוד	דז"א
	ראשון	כו	חסד	ה	דנוקבא		דיסוד	דז"א
	שני	כז	גבורה	ה	דנוקבא		דיסוד	דז"א
	שלישי	כח	תפארת	ה	דנוקבא		דיסוד	דז"א
	רביעי	כט	נצח	ה	דנוקבא		דיסוד	דז"א

שנת

תשפ"ו

ז"מ דכ"א ז"מ
א - בלע
ב - יובב
ג - חשם
ד - הדד בן בדד
ה - שמלה
ו - שאול
ז - בן חנן
ר"ח - כולם דכ"א

מ"ה דמ"ה ומ"ה דב"ן

שנה	עשור	מאות	אלף
דתפארת	דיסוד	דהוד	דיסוד

פרצוף הימים – חודש ניסן חסד יְהֹוָ"ה אֶהְיֶ"ה גלגלתא דנוק'

זריחה עד חצות היום		מחצות היום עד השקיעה		מהשקיעה עד חצות הלילה		חצות הלילה עד הזריחה	
שעה ראשונה	חסד יהו"ה	שעה שביעית	חסד והי"ה	שעה ראשונה	חסד והי"ה	שעה שביעית	חסד ההי"ו
שעה שניה	גבורה יהה"ו	שעה שמינית	גבורה וה"י	שעה שניה	גבורה וה"י	שעה שמינית	גבורה ההו"י
שעה שלישית	ת"ת יוה"ה	שעה תשיעית	ת"ת ויה"ה	שעה שלישית	ת"ת ויה"ה	שעה תשיעית	ת"ת היו"ה
שעה רביעית	נצח ההי"ו	שעה עשירית	נצח הוי"ה	שעה רביעית	נצח והי"ה	שעה עשירית	נצח יהו"ה
שעה חמישית	הוד ההו"י	שעה י"א	הוד היה"ו	שעה חמישית	הוד וה"י	שעה י"א	הוד יהה"ו
שעה שישית	יסוד היו"ה	שעה י"ב	יסוד הוה"י	שעה שישית	יסוד ויה"ה	שעה י"ב	יסוד יוה"ה
	דמ"ה דמ"ה		דמ"ה דב"ן		דב"ן דב"ן		דב"ן דמ"ה

שחרית — כלי פנימי
מנחה — כלי אמצעי
ערבית — כלי חיצון

פסוק לצירופי החדש

יִשְׂמְחוּ הַשָּׁמַיִם וְתָגֵל הָאָרֶץ

ו"ק דחג"ת נה"י דחג"ת

חג \ מועד	יום		יום בשבוע		יום בחודש		חודש	ז"א\נוק	עומר
ראש חדש	חמישי	א	הוד		דא"א		דחסד	דנוק'	
	שישי	ב	יסוד	י	דאבא	שבוע א'	דחסד	דנוק'	
	שבת	ג	מלכות	י	דאבא		דחסד	דנוק'	
	ראשון	ד	חסד	י	דאבא		דחסד	דנוק'	
	שני	ה	גבורה	י	דאבא		דחסד	דנוק'	
	שלישי	ו	תפארת	י	דאבא		דחסד	דנוק'	
	רביעי	ז	נצח	י	דאבא		דחסד	דנוק'	
	חמישי	ח	הוד	י	דאבא		דחסד	דנוק'	
	שישי	ט	יסוד	ה	דאימא	שבוע ב'	דחסד	דנוק'	
השבת הגדול	שבת	י	מלכות	ה	דאימא		דחסד	דנוק'	
	ראשון	יא	חסד	ה	דאימא		דחסד	דנוק'	
	שני	יב	גבורה	ה	דאימא		דחסד	דנוק'	
	שלישי	יג	תפארת	ה	דאימא		דחסד	דנוק'	
ערב פסח	רביעי	יד	נצח	ה	דאימא		דחסד	דנוק'	
פסח	חמישי	טו	הוד	ה	דאימא		דחסד	דנוק'	עומר
חול המועד	שישי	טז	יסוד	ו	דז"א	שבוע ג'	דחסד	דנוק'	א
חול המועד	שבת	יז	מלכות	ו	דז"א		דחסד	דנוק'	ב
חול המועד	ראשון	יח	חסד	ו	דז"א		דחסד	דנוק'	ג
חול המועד	שני	יט	גבורה	ו	דז"א		דחסד	דנוק'	ד
חול המועד	שלישי	כ	תפארת	ו	דז"א		דחסד	דנוק'	ה
שביעי דפסח	רביעי	כא	נצח	ו	דז"א		דחסד	דנוק'	ו
	חמישי	כב	הוד	ו	דז"א		דחסד	דנוק'	ז
	שישי	כג	יסוד	ה	דנוקבא	שבוע ד'	דחסד	דנוק'	ח
	שבת	כד	מלכות	ה	דנוקבא		דחסד	דנוק'	ט
	ראשון	כה	חסד	ה	דנוקבא		דחסד	דנוק'	י
	שני	כו	גבורה	ה	דנוקבא		דחסד	דנוק'	יא
	שלישי	כז	תפארת	ה	דנוקבא		דחסד	דנוק'	יב
	רביעי	כח	נצח	ה	דנוקבא		דחסד	דנוק'	יג
	חמישי	כט	הוד	ה	דנוקבא		דחסד	דנוק'	יד

שנת
תשפ"ו

ז"מ דכ"א ז"מ
א - בלע
ב - יובב
ג - חשם
ד - הדד בן בדד
ה - שמלה
ו - שאול
ז - בן חנן
ר"ח - כולם דכ"א

ב"ן דמ"ה וב"ן דב"ן

שנה	עשור	מאות	אלף
דתפארת	דיסוד	דהוד	דיסוד

פרצוף הימים – חודש אייר גבורה יהה"ו אהה"י אזן ימין דנוק'

זריחה עד חצות היום		מחצות היום עד השקיעה		מהשקיעה עד חצות הלילה		חצות הלילה עד הזריחה	
שעה ראשונה	חסד יהו"ה	שעה שביעית	חסד והי"ה	שעה ראשונה	חסד והי"ה	שעה שביעית	חסד ההי"ו
שעה שניה	גבורה יהה"ו	שעה שמינית	גבורה והה"י	שעה שניה	גבורה והה"י	שעה שמינית	גבורה ההו"י
שעה שלישית	ת"ת יוה"ה	שעה תשיעית	ת"ת ויה"ה	שעה שלישית	ת"ת ויה"ה	שעה תשיעית	ת"ת היו"ה
שעה רביעית	נצח ההי"ו	שעה עשירית	נצח הוי"ה	שעה רביעית	נצח והי"ה	שעה עשירית	נצח יהו"ה
שעה חמישית	הוד ההו"י	שעה י"א	הוד היה"ו	שעה חמישית	הוד והה"י	שעה י"א	הוד יהה"ו
שעה שישית	יסוד היו"ה	שעה י"ב	יסוד הוה"י	שעה שישית	יסוד ויה"ה	שעה י"ב	יסוד יוה"ה
דמ"ה דמ"ה		דמ"ה דב"ן		דב"ן דב"ן		דב"ן דמ"ה	

שחרית — כלי פנימי

מנחה — כלי אמצעי

ערבית — כלי חיצון

פָּסוּק לְצֵרוּפֵי הַחֹדֶשׁ

יִתְהַלֵּל הַמִּתְהַלֵּל הַשְׂכֵּל וְיָדֹעַ

ו"ק דחג"ת נה"י דחג"ת

חג \ מועד	יום		יום בשבוע			יום בחודש	חודש	ז"א\נוק	עומר
ראש חדש	שישי	ל	גבורה			דא"א	דגבורה	דנוק'	טו
ראש חדש	שבת	א	תפארת			דא"א	דגבורה	דנוק'	טז
	ראשון	ב	נצח	י	שבוע א'	דאבא	דגבורה	דנוק'	יז
	שני	ג	הוד	י		דאבא	דגבורה	דנוק'	יח
	שלישי	ד	יסוד	י		דאבא	דגבורה	דנוק'	יט
	רביעי	ה	מלכות	י		דאבא	דגבורה	דנוק'	כ
	חמישי	ו	חסד	י		דאבא	דגבורה	דנוק'	כא
	שישי	ז	גבורה	י		דאבא	דגבורה	דנוק'	כב
	שבת	ח	תפארת	י		דאבא	דגבורה	דנוק'	כג
	ראשון	ט	נצח	ה	שבוע ב'	דאימא	דגבורה	דנוק'	כד
	שני	י	הוד	ה		דאימא	דגבורה	דנוק'	כה
	שלישי	יא	יסוד	ה		דאימא	דגבורה	דנוק'	כו
	רביעי	יב	מלכות	ה		דאימא	דגבורה	דנוק'	כז
	חמישי	יג	חסד	ה		דאימא	דגבורה	דנוק'	כח
פסח שני	שישי	יד	גבורה	ה		דאימא	דגבורה	דנוק'	כט
	שבת	טו	תפארת	ה		דאימא	דגבורה	דנוק'	ל
	ראשון	טז	נצח	ו	שבוע ג'	דז"א	דגבורה	דנוק'	לא
	שני	יז	הוד	ו		דז"א	דגבורה	דנוק'	לב
ל"ג בעומר	שלישי	יח	יסוד	ו		דז"א	דגבורה	דנוק'	לג
	רביעי	יט	מלכות	ו		דז"א	דגבורה	דנוק'	לד
	חמישי	כ	חסד	ו		דז"א	דגבורה	דנוק'	לה
	שישי	כא	גבורה	ו		דז"א	דגבורה	דנוק'	לו
	שבת	כב	תפארת	ו		דז"א	דגבורה	דנוק'	לז
	ראשון	כג	נצח	ה	שבוע ד'	דנוקבא	דגבורה	דנוק'	לח
	שני	כד	הוד	ה		דנוקבא	דגבורה	דנוק'	לט
	שלישי	כה	יסוד	ה		דנוקבא	דגבורה	דנוק'	מ
	רביעי	כו	מלכות	ה		דנוקבא	דגבורה	דנוק'	מא
	חמישי	כז	חסד	ה		דנוקבא	דגבורה	דנוק'	מב
	שישי	כח	גבורה	ה		דנוקבא	דגבורה	דנוק'	מג
	שבת	כט	תפארת	ה		דנוקבא	דגבורה	דנוק'	מד

שנת תשפ"ו

ז"מ דכ"א ז"מ
א - בלע
ב - יובב
ג - חשם
ד - הדד בן בדד
ה - שמלה
ו - שאול
ז - בן חנן
ר"ח - כולם דכ"א

ב"ן דמ"ה וב"ן דב"ן

שנה	עשור	מאות	אלף
דתפארת	דיסוד	דהוד	דיסוד

SimchatChaim.com

פרצוף הימים – חודש סיון תפארת יְוּהַ"הַ אְיוּהַ"הַ אזן שמאל דנוק'

זריחה עד חצות היום		מחצות היום עד השקיעה		מהשקיעה עד חצות הלילה		חצות הלילה עד הזריחה	
שעה ראשונה	חסד יהו"ה	שעה שביעית	חסד והי"ה	שעה ראשונה	חסד והי"ה	שעה שביעית	חסד ההי"ו
שעה שניה	גבורה יהה"ו	שעה שמינית	גבורה והה"י	שעה שניה	גבורה והה"י	שעה שמינית	גבורה ההו"י
שעה שלישית	ת"ת יוה"ה	שעה תשיעית	ת"ת ויה"ה	שעה שלישית	ת"ת ויה"ה	שעה תשיעית	ת"ת היו"ה
שעה רביעית	נצח ההי"ו	שעה עשירית	נצח הוי"ה	שעה רביעית	נצח והי"ה	שעה עשירית	נצח יהו"ה
שעה חמישית	הוד ההו"י	שעה י"א	הוד היה"ו	שעה חמישית	הוד והה"י	שעה י"א	הוד יהה"ו
שעה שישית	יסוד היו"ה	שעה י"ב	יסוד הוה"י	שעה שישית	יסוד ויה"ה	שעה י"ב	יסוד יוה"ה
דמ"ה דמ"ה		דמ"ה דב"ן		דב"ן דב"ן		דב"ן דמ"ה	

שחרית מנחה ערבית

כלי פנימי כלי אמצעי כלי חיצון

פָּסוּק לְצֵרוּפֵי הַחֹדֶשׁ

יְרִדתָיו וּקְצֶלַע הַמִּשְׁכָּן הַשֵּׁנִית

ו"ק דחג"ת נה"י דחג"ת

חג \ מועד	יום		יום בשבוע			יום בחודש	חודש	ז"א\נוק	עומר
ראש חדש	ראשון	א	חסד			דא"א	דתפארת	דנוק'	מה
	שני	ב	גבורה	י	שבוע א'	דאבא	דתפארת	דנוק'	מו
	שלישי	ג	תפארת	י		דאבא	דתפארת	דנוק'	מז
	רביעי	ד	נצח	י		דאבא	דתפארת	דנוק'	מח
	חמישי	ה	הוד	י		דאבא	דתפארת	דנוק'	מט
שבועות	שישי	ו	יסוד	י		דאבא	דתפארת	דנוק'	
	שבת	ז	מלכות	י		דאבא	דתפארת	דנוק'	
	ראשון	ח	חסד	י		דאבא	דתפארת	דנוק'	
	שני	ט	גבורה	ה	שבוע ב'	דאימא	דתפארת	דנוק'	
	שלישי	י	תפארת	ה		דאימא	דתפארת	דנוק'	
	רביעי	יא	נצח	ה		דאימא	דתפארת	דנוק'	
	חמישי	יב	הוד	ה		דאימא	דתפארת	דנוק'	
	שישי	יג	יסוד	ה		דאימא	דתפארת	דנוק'	
	שבת	יד	מלכות	ה		דאימא	דתפארת	דנוק'	
	ראשון	טו	חסד	ה		דאימא	דתפארת	דנוק'	
	שני	טז	גבורה	ו	שבוע ג'	דז"א	דתפארת	דנוק'	
	שלישי	יז	תפארת	ו		דז"א	דתפארת	דנוק'	
	רביעי	יח	נצח	ו		דז"א	דתפארת	דנוק'	
	חמישי	יט	הוד	ו		דז"א	דתפארת	דנוק'	
	שישי	כ	יסוד	ו		דז"א	דתפארת	דנוק'	
	שבת	כא	מלכות	ו		דז"א	דתפארת	דנוק'	
	ראשון	כב	חסד	ו		דז"א	דתפארת	דנוק'	
	שני	כג	גבורה	ה	שבוע ד'	דנוקבא	דתפארת	דנוק'	
	שלישי	כד	תפארת	ה		דנוקבא	דתפארת	דנוק'	
	רביעי	כה	נצח	ה		דנוקבא	דתפארת	דנוק'	
	חמישי	כו	הוד	ה		דנוקבא	דתפארת	דנוק'	
	שישי	כז	יסוד	ה		דנוקבא	דתפארת	דנוק'	
	שבת	כח	מלכות	ה		דנוקבא	דתפארת	דנוק'	
	ראשון	כט	חסד	ה		דנוקבא	דתפארת	דנוק'	

שנת

תשפ"ו

ז"מ דכ"א ז"מ
א - בלע
ב - יובב
ג - חשם
ד - הדד בן בדד
ה - שמלה
ו - שאול
ז - בן חנן
ר"ח - כולם דכ"א

ב"ן דמ"ה וב"ן דב"ן

שנה	עשור	מאות	אלף
דתפארת	דיסוד	דהוד	דיסוד

פרצוף הימים – חודש תמוז נצח הוה"י היה"א עין ימין דנוק'

זריחה עד חצות היום		מחצות היום עד השקיעה		מהשקיעה עד חצות הלילה		חצות הלילה עד הזריחה	
שעה ראשונה	חסד יהו"ה	שעה שביעית	חסד והי"ה	שעה ראשונה	חסד והי"ה	שעה שביעית	חסד ההי"ו
שעה שניה	גבורה יהה"ו	שעה שמינית	גבורה וחה"י	שעה שניה	גבורה והה"י	שעה שמינית	גבורה ההו"י
שעה שלישית	ת"ת יוה"ה	שעה תשיעית	ת"ת ויה"ה	שעה שלישית	ת"ת ויה"ה	שעה תשיעית	ת"ת היו"ה
שעה רביעית	נצח ההי"ו	שעה עשירית	נצח הוי"ה	שעה רביעית	נצח והי"ה	שעה עשירית	נצח יהו"ה
שעה חמישית	הוד ההו"י	שעה י"א	הוד היה"ו	שעה חמישית	הוד והה"י	שעה י"א	הוד יהה"ו
שעה שישית	יסוד היו"ה	שעה י"ב	יסוד הוה"י	שעה שישית	יסוד ויה"ה	שעה י"ב	יסוד יוה"ה
דמ"ה דמ"ה		דמ"ה דב"ן		דב"ן דב"ן		דב"ן דמ"ה	

שחרית	מנחה	ערבית
כלי פנימי	כלי אמצעי	כלי חיצון

פסוק לצרופי החדש

זֶה אֵינֶנּוּ שׁוֶֹה לִי

ו"ק דחג"ת נה"י דחג"ת

חג \ מועד	יום		יום בשבוע			יום בחודש	חודש	ז"א\נוק
ראש חדש	שני	ל	גבורה			דא"א	דנצח	דנוק'
ראש חדש	שלישי	א	תפארת			דא"א	דנצח	דנוק'
	רביעי	ב	נצח	י	שבוע א'	דאבא	דנצח	דנוק'
	חמישי	ג	הוד	י		דאבא	דנצח	דנוק'
	שישי	ד	יסוד	י		דאבא	דנצח	דנוק'
	שבת	ה	מלכות	י		דאבא	דנצח	דנוק'
	ראשון	ו	חסד	י		דאבא	דנצח	דנוק'
	שני	ז	גבורה	י		דאבא	דנצח	דנוק'
	שלישי	ח	תפארת	י		דאבא	דנצח	דנוק'
	רביעי	ט	נצח	ה	שבוע ב'	דאימא	דנצח	דנוק'
	חמישי	י	הוד	ה		דאימא	דנצח	דנוק'
	שישי	יא	יסוד	ה		דאימא	דנצח	דנוק'
	שבת	יב	מלכות	ה		דאימא	דנצח	דנוק'
	ראשון	יג	חסד	ה		דאימא	דנצח	דנוק'
	שני	יד	גבורה	ה		דאימא	דנצח	דנוק'
	שלישי	טו	תפארת	ה		דאימא	דנצח	דנוק'
	רביעי	טז	נצח	ו	שבוע ג'	דז"א	דנצח	דנוק'
צום י"ז בתמוז	חמישי	יז	הוד	ו		דז"א	דנצח	דנוק'
	שישי	יח	יסוד	ו		דז"א	דנצח	דנוק'
	שבת	יט	מלכות	ו		דז"א	דנצח	דנוק'
	ראשון	כ	חסד	ו		דז"א	דנצח	דנוק'
	שני	כא	גבורה	ו		דז"א	דנצח	דנוק'
	שלישי	כב	תפארת	ו		דז"א	דנצח	דנוק'
	רביעי	כג	נצח	ה	שבוע ד'	דנוקבא	דנצח	דנוק'
	חמישי	כד	הוד	ה		דנוקבא	דנצח	דנוק'
	שישי	כה	יסוד	ה		דנוקבא	דנצח	דנוק'
	שבת	כו	מלכות	ה		דנוקבא	דנצח	דנוק'
	ראשון	כז	חסד	ה		דנוקבא	דנצח	דנוק'
	שני	כח	גבורה	ה		דנוקבא	דנצח	דנוק'
	שלישי	כט	תפארת	ה		דנוקבא	דנצח	דנוק'

שנת

תשפ"ו

ז"מ דכ"א ז"מ
א - בלע
ב - יובב
ג - חשם
ד - הדד בן בדד
ה - שמלה
ו - שאול
ז - בן חנן
ר"ח - כולם דכ"א

ב"ן דמ"ה וב"ן דב"ן

שנה	עשור	מאות	אלף
דתפארת	דיסוד	דהוד	דיסוד

פרצוף הימים – חודש אב הוד הוי"ה היא"ה עין שמאל דנוק'

זריחה עד חצות היום		מחצות היום עד השקיעה		מהשקיעה עד חצות הלילה		חצות הלילה עד הזריחה	
שעה ראשונה	חסד יהו"ה	שעה שביעית	חסד והי"ה	שעה ראשונה	חסד והי"ה	שעה שביעית	חסד ההי"ו
שעה שניה	גבורה יהה"ו	שעה שמינית	גבורה וההי"י	שעה שניה	גבורה וההי"י	שעה שמינית	גבורה ההו"י
שעה שלישית	ת"ת יוה"ה	שעה תשיעית	ת"ת ויה"ה	שעה שלישית	ת"ת ויה"ה	שעה תשיעית	ת"ת היו"ה
שעה רביעית	נצח ההי"ו	שעה עשירית	נצח הוי"ה	שעה רביעית	נצח והי"ה	שעה עשירית	נצח יהו"ה
שעה חמישית	הוד ההו"י	שעה י"א	הוד היה"ו	שעה חמישית	הוד וההי"י	שעה י"א	הוד יהה"ו
שעה שישית	יסוד היו"ה	שעה י"ב	יסוד הוה"י	שעה שישית	יסוד ויה"ה	שעה י"ב	יסוד יוה"ה
דמ"ה דמ"ה		דמ"ה דב"ן		דב"ן דב"ן		דב"ן דמ"ה	

שחרית	מנחה	ערבית
כלי פנימי	כלי אמצעי	כלי חיצון

פָּסוּק לְצֵרוּפֵי הַחֹדֶשׁ

הַסְכֵּת וּשְׁמַע יִשְׂרָאֵל הַיּוֹם

ו"ק דחג"ת נה"י דחג"ת

חג \ מועד	יום		יום בשבוע		יום בחודש		חודש	ז"א\נוק
ראש חודש	רביעי	א	נצח		דא"א		דהוד	דנוק'
	חמישי	ב	הוד	י	דאבא	שבוע א'	דהוד	דנוק'
	שישי	ג	יסוד	י	דאבא		דהוד	דנוק'
	שבת	ד	מלכות	י	דאבא		דהוד	דנוק'
	ראשון	ה	חסד	י	דאבא		דהוד	דנוק'
	שני	ו	גבורה	י	דאבא		דהוד	דנוק'
	שלישי	ז	תפארת	י	דאבא		דהוד	דנוק'
	רביעי	ח	נצח	י	דאבא		דהוד	דנוק'
צום ט' באב	חמישי	ט	הוד	ה	דאימא	שבוע ב'	דהוד	דנוק'
	שישי	י	יסוד	ה	דאימא		דהוד	דנוק'
	שבת	יא	מלכות	ה	דאימא		דהוד	דנוק'
	ראשון	יב	חסד	ה	דאימא		דהוד	דנוק'
	שני	יג	גבורה	ה	דאימא		דהוד	דנוק'
	שלישי	יד	תפארת	ה	דאימא		דהוד	דנוק'
ט"ו באב	רביעי	טו	נצח	ה	דאימא		דהוד	דנוק'
	חמישי	טז	הוד	ו	דז"א	שבוע ג'	דהוד	דנוק'
	שישי	יז	יסוד	ו	דז"א		דהוד	דנוק'
	שבת	יח	מלכות	ו	דז"א		דהוד	דנוק'
	ראשון	יט	חסד	ו	דז"א		דהוד	דנוק'
	שני	כ	גבורה	ו	דז"א		דהוד	דנוק'
	שלישי	כא	תפארת	ו	דז"א		דהוד	דנוק'
	רביעי	כב	נצח	ו	דז"א		דהוד	דנוק'
	חמישי	כג	הוד	ה	דנוקבא	שבוע ד'	דהוד	דנוק'
	שישי	כד	יסוד	ה	דנוקבא		דהוד	דנוק'
	שבת	כה	מלכות	ה	דנוקבא		דהוד	דנוק'
	ראשון	כו	חסד	ה	דנוקבא		דהוד	דנוק'
	שני	כז	גבורה	ה	דנוקבא		דהוד	דנוק'
	שלישי	כח	תפארת	ה	דנוקבא		דהוד	דנוק'
	רביעי	כט	נצח	ה	דנוקבא		דהוד	דנוק'

שנת

תשפ"ו

ז"מ דכ"א ז"מ
א - בלע
ב - יובב
ג - חשם
ד - הדד בן בדד
ה - שמלה
ו - שאול
ז - בן חנן
ר"ח - כולם דכ"א

ב"ן דמ"ה וב"ן דב"ן

שנה	עשור	מאות	אלף
דתפארת	דיסוד	דהוד	דיסוד

SimchatChaim.com

פרצוף הימים – חודש אלול יסוד הוהו"י הוהי"א זוטמא דנוק'

זריחה עד חצות היום		מחצות היום עד השקיעה		מהשקיעה עד חצות הלילה		חצות הלילה עד הזריחה	
שעה ראשונה	חסד **יהו"ה**	שעה שביעית	חסד **והי"ה**	שעה ראשונה	חסד **והי"ה**	שעה שביעית	חסד **ההי"ו**
שעה שניה	גבורה **יהה"ו**	שעה שמינית	גבורה **והה"י**	שעה שניה	גבורה **והה"י**	שעה שמינית	גבורה **ההו"י**
שעה שלישית	ת"ת **יוה"ה**	שעה תשיעית	ת"ת **ויה"ה**	שעה שלישית	ת"ת **ויה"ה**	שעה תשיעית	ת"ת **היו"ה**
שעה רביעית	נצח **ההי"ו**	שעה עשירית	נצח **הוי"ה**	שעה רביעית	נצח **והי"ה**	שעה עשירית	נצח **יהו"ה**
שעה חמישית	הוד **ההו"י**	שעה י"א	הוד **היה"ו**	שעה חמישית	הוד **והה"י**	שעה י"א	הוד **יהה"ו**
שעה שישית	יסוד **היו"ה**	שעה י"ב	יסוד **הוה"י**	שעה שישית	יסוד **ויה"ה**	שעה י"ב	יסוד **יוה"ה**
דמ"ה דמ"ה		דמ"ה דב"ן		דב"ן דב"ן		דב"ן דמ"ה	

שחרית	מנחה	ערבית
כלי פנימי	כלי אמצעי	כלי חיצון

פסוק לצרופי החדש

וּצְדָקָה תִּהְיֶה לָּנוּ כִּי

ו"ק דחג"ת נה"י דחג"ת

חג \מועד	יום		יום בשבוע			יום בחודש	חודש	ז"א\נוק
ראש חדש	חמישי	**ל**	הוד			**דא"א**	דיסוד	דנוק'
ראש חדש	שישי	**א**	יסוד			**דא"א**	דיסוד	דנוק'
	שבת	**ב**	מלכות	י	שבוע א'	דאבא	דיסוד	דנוק'
	ראשון	**ג**	חסד	י		דאבא	דיסוד	דנוק'
	שני	**ד**	גבורה	י		דאבא	דיסוד	דנוק'
	שלישי	**ה**	תפארת	י		דאבא	דיסוד	דנוק'
	רביעי	**ו**	נצח	י		דאבא	דיסוד	דנוק'
	חמישי	**ז**	הוד	י		דאבא	דיסוד	דנוק'
	שישי	**ח**	יסוד	י		דאבא	דיסוד	דנוק'
	שבת	**ט**	מלכות	ה	שבוע ב'	דאימא	דיסוד	דנוק'
	ראשון	**י**	חסד	ה		דאימא	דיסוד	דנוק'
	שני	**יא**	גבורה	ה		דאימא	דיסוד	דנוק'
	שלישי	**יב**	תפארת	ה		דאימא	דיסוד	דנוק'
	רביעי	**יג**	נצח	ה		דאימא	דיסוד	דנוק'
	חמישי	**יד**	הוד	ה		דאימא	דיסוד	דנוק'
	שישי	**טו**	יסוד	ה		דאימא	דיסוד	דנוק'
	שבת	**טז**	מלכות	ו	שבוע ג'	דז"א	דיסוד	דנוק'
	ראשון	**יז**	חסד	ו		דז"א	דיסוד	דנוק'
	שני	**יח**	גבורה	ו		דז"א	דיסוד	דנוק'
	שלישי	**יט**	תפארת	ו		דז"א	דיסוד	דנוק'
	רביעי	**כ**	נצח	ו		דז"א	דיסוד	דנוק'
	חמישי	**כא**	הוד	ו		דז"א	דיסוד	דנוק'
	שישי	**כב**	יסוד	ו		דז"א	דיסוד	דנוק'
	שבת	**כג**	מלכות	ה	שבוע ד'	דנוקבא	דיסוד	דנוק'
	ראשון	**כד**	חסד	ה		דנוקבא	דיסוד	דנוק'
	שני	**כה**	גבורה	ה		דנוקבא	דיסוד	דנוק'
	שלישי	**כו**	תפארת	ה		דנוקבא	דיסוד	דנוק'
	רביעי	**כז**	נצח	ה		דנוקבא	דיסוד	דנוק'
	חמישי	**כח**	הוד	ה		דנוקבא	דיסוד	דנוק'
	שישי	**כט**	יסוד	ה		דנוקבא	דיסוד	דנוק'

שנת

תשפ"ו

ז"מ דכ"א ז"מ
א - בלע
ב - יובב
ג - חשם
ד - הדד בן בדד
ה - שמלה
ו - שאול
ז - בן חנן
ר"ח - כולם דכ"א

ב"ן דמ"ה וב"ן דב"ן

שנה	עשור	מאות	אלף
דתפארת	דיסוד	דהוד	דיסוד

פרצוף הזמנים – חודש תשרי חסד והי"ה יהא"ה גלגלתא דז"א

זריחה עד חצות היום		מחצות היום עד השקיעה		מהשקיעה עד חצות הלילה		חצות הלילה עד הזריחה	
שעה ראשונה	חסד יהו"ה	שעה שביעית	חסד והי"ה	שעה ראשונה	חסד והי"ה	שעה שביעית	חסד ההי"ו
שעה שניה	גבורה יהה"ו	שעה שמינית	גבורה והה"י	שעה שניה	גבורה והה"י	שעה שמינית	גבורה ההו"י
שעה שלישית	ת"ת יוה"ה	שעה תשיעית	ת"ת ויה"ה	שעה שלישית	ת"ת ויה"ה	שעה תשיעית	ת"ת היו"ה
שעה רביעית	נצח ההי"ו	שעה עשירית	נצח הוי"ה	שעה רביעית	נצח והי"ה	שעה עשירית	נצח יהו"ה
שעה חמישית	הוד ההו"י	שעה י"א	הוד היה"ו	שעה חמישית	הוד והה"י	שעה י"א	הוד יהה"ו
שעה שישית	יסוד היו"ה	שעה י"ב	יסוד הוה"י	שעה שישית	יסוד ויה"ה	שעה י"ב	יסוד יוה"ה
דמ"ה דמ"ה		דמ"ה דב"ן		דב"ן דב"ן		דב"ן דמ"ה	

שחרית	מנחה	ערבית
כלי פנימי	כלי אמצעי	כלי חיצון

ו"ק דחג"ת נה"י דנה"י

חג \ מועד	יום		יום בשבוע		יום בחודש		חודש	ז"א\נוק
ראש השנה	שלישי	א	תפארת	ו	דא"א		דחסד	דז"א
ראש השנה	רביעי	ב	נצח	ו	דז"א		דחסד	דז"א
צום גדליהו	חמישי	ג	הוד	ו	דז"א	שבוע א'	דחסד	דז"א
	שישי	ד	יסוד	ו	דז"א		דחסד	דז"א
	שבת	ה	מלכות	ו	דז"א		דחסד	דז"א
	ראשון	ו	חסד	ו	דז"א		דחסד	דז"א
	שני	ז	גבורה	ו	דז"א		דחסד	דז"א
	שלישי	ח	תפארת	ו	דז"א		דחסד	דז"א
ערב כיפור	רביעי	ט	נצח	ה	דנוק'	שבוע ב'	דחסד	דז"א
יום כיפור	חמישי	י	הוד	ה	דנוק'		דחסד	דז"א
	שישי	יא	יסוד	ה	דנוק'		דחסד	דז"א
	שבת	יב	מלכות	ה	דנוק'		דחסד	דז"א
	ראשון	יג	חסד	ה	דנוק'		דחסד	דז"א
	שני	יד	גבורה	ה	דנוק'		דחסד	דז"א
חג הסוכות	שלישי	טו	תפארת	ה	דנוק'		דחסד	דז"א
חול המועד	רביעי	טז	נצח	י	דאבא	שבוע ג'	דחסד	דז"א
חול המועד	חמישי	יז	הוד	י	דאבא		דחסד	דז"א
חול המועד	שישי	יח	יסוד	י	דאבא		דחסד	דז"א
חול המועד	שבת	יט	מלכות	י	דאבא		דחסד	דז"א
חול המועד	ראשון	כ	חסד	י	דאבא		דחסד	דז"א
הושענה רבא	שני	כא	גבורה	י	דאבא		דחסד	דז"א
שמיני עצרת	שלישי	כב	תפארת	י	דאבא		דחסד	דז"א
	רביעי	כג	נצח	ה	דאימא	שבוע ד'	דחסד	דז"א
	חמישי	כד	הוד	ה	דאימא		דחסד	דז"א
	שישי	כה	יסוד	ה	דאימא		דחסד	דז"א
	שבת	כו	מלכות	ה	דאימא		דחסד	דז"א
	ראשון	כז	חסד	ה	דאימא		דחסד	דז"א
	שני	כח	גבורה	ה	דאימא		דחסד	דז"א
	שלישי	כט	תפארת	ה	דאימא		דחסד	דז"א

שנת

תשפ"ו

ז"מ דכ"א ז"מ
א - בלע
ב - יובב
ג - חשם
ד - הדד בן בדד
ה - שמלה
ו - שאול
ז - בן חנן
ר"ח - כולם דכ"א

מ"ה דמ"ה ומ"ה דב"ן

שנה	שמיטה	יובל
דנצוז	דהוד	דס"ז

SimchatChaim.com

פרצוף הזמנים – חודש חשון גבורה וההי יההא אזן ימין דז"א

זריחה עד חצות היום		מחצות היום עד השקיעה		מהשקיעה עד חצות הלילה		חצות הלילה עד הזריחה	
שעה ראשונה	חסד **יהו"ה**	שעה שביעית	חסד **והי"ה**	שעה ראשונה	חסד **והי"ה**	שעה שביעית	חסד **ההי"ו**
שעה שניה	גבורה **יהה"ו**	שעה שמינית	גבורה **והה"י**	שעה שניה	גבורה **והה"י**	שעה שמינית	גבורה **ההו"י**
שעה שלישית	ת"ת **יוה"ה**	שעה תשיעית	ת"ת **ויה"ה**	שעה שלישית	ת"ת **ויה"ה**	שעה תשיעית	ת"ת **היו"ה**
שעה רביעית	נצח **ההי"ו**	שעה עשירית	נצח **הוי"ה**	שעה רביעית	נצח **והי"ה**	שעה עשירית	נצח **יהו"ה**
שעה חמישית	הוד **ההו"י**	שעה י"א	הוד **היה"ו**	שעה חמישית	הוד **והה"י**	שעה י"א	הוד **יהה"ו**
שעה שישית	יסוד **היו"ה**	שעה י"ב	יסוד **הוה"י**	שעה שישית	יסוד **ויה"ה**	שעה י"ב	יסוד **יוה"ה**
דמ"ה דמ"ה		דמ"ה דב"ן		דב"ן דב"ן		דב"ן דמ"ה	

שחרית — כלי פנימי
מנחה — כלי אמצעי
ערבית — כלי חיצון

ו"ק דחג"ת נה"י דנה"י

חג\מועד	יום		יום בשבוע			יום בחודש	חודש	ז"א\נוק
ראש חדש	רביעי	ל	נצח			**דא"א**	דגבורה	דז"א
ראש חדש	חמישי	א	הוד			**דא"א**	דגבורה	דז"א
	שישי	ב	יסוד	ו	שבוע א'	דז"א	דגבורה	דז"א
	שבת	ג	מלכות	ו		דז"א	דגבורה	דז"א
	ראשון	ד	חסד	ו		דז"א	דגבורה	דז"א
	שני	ה	גבורה	ו		דז"א	דגבורה	דז"א
	שלישי	ו	תפארת	ו		דז"א	דגבורה	דז"א
	רביעי	ז	נצח	ו		דז"א	דגבורה	דז"א
	חמישי	ח	הוד	ו		דז"א	דגבורה	דז"א
	שישי	ט	יסוד	ה	שבוע ב'	דנוק'	דגבורה	דז"א
	שבת	י	מלכות	ה		דנוק'	דגבורה	דז"א
	ראשון	יא	חסד	ה		דנוק'	דגבורה	דז"א
	שני	יב	גבורה	ה		דנוק'	דגבורה	דז"א
	שלישי	יג	תפארת	ה		דנוק'	דגבורה	דז"א
	רביעי	יד	נצח	ה		דנוק'	דגבורה	דז"א
	חמישי	טו	הוד	ה		דנוק'	דגבורה	דז"א
	שישי	טז	יסוד	ה	שבוע ג'	דאימא	דגבורה	דז"א
	שבת	יז	מלכות	ה		דאימא	דגבורה	דז"א
	ראשון	יח	חסד	ה		דאימא	דגבורה	דז"א
	שני	יט	גבורה	ה		דאימא	דגבורה	דז"א
	שלישי	כ	תפארת	ה		דאימא	דגבורה	דז"א
	רביעי	כא	נצח	ה		דאימא	דגבורה	דז"א
	חמישי	כב	הוד	ה		דאימא	דגבורה	דז"א
	שישי	כג	יסוד	י	שבוע ד'	דאבא	דגבורה	דז"א
	שבת	כד	מלכות	י		דאבא	דגבורה	דז"א
	ראשון	כה	חסד	י		דאבא	דגבורה	דז"א
	שני	כו	גבורה	י		דאבא	דגבורה	דז"א
	שלישי	כז	תפארת	י		דאבא	דגבורה	דז"א
	רביעי	כח	נצח	י		דאבא	דגבורה	דז"א
	חמישי	כט	הוד	י		דאבא	דגבורה	דז"א

שנת

תשפ"ו

ז"מ דכ"א ז"מ
א - בלע
ב - יובב
ג - חשם
ד - הדד בן בדד
ה - שמלה
ו - שאול
ז - בן חנן
ר"ח - כולם דכ"א

מ"ה דמ"ה ומ"ה דב"ן

שנה	שמיטה	יובל
דנצח	דהוד	דס"ו

פרצוף הזמנים – חודש כסלו תפארת וַיְהָ"הַ יַאהָ"הַ אזן שמאל דז"א

זריחה עד חצות היום		מחצות היום עד השקיעה		מהשקיעה עד חצות הלילה		חצות הלילה עד הזריחה	
שעה ראשונה	חסד יהו"ה	שעה שביעית	חסד והי"ה	שעה ראשונה	חסד והי"ה	שעה שביעית	חסד ההי"ו
שעה שניה	גבורה יהה"ו	שעה שמינית	גבורה וההי"י	שעה שניה	גבורה וההי"י	שעה שמינית	גבורה ההו"י
שעה שלישית	ת"ת יוה"ה	שעה תשיעית	ת"ת ויה"ה	שעה שלישית	ת"ת ויה"ה	שעה תשיעית	ת"ת היו"ה
שעה רביעית	נצח ההי"ו	שעה עשירית	נצח הוי"ה	שעה רביעית	נצח והי"ה	שעה עשירית	נצח יהו"ה
שעה חמישית	הוד ההו"י	שעה י"א	הוד היה"ו	שעה חמישית	הוד וההי"י	שעה י"א	הוד יהה"ו
שעה שישית	יסוד היו"ה	שעה י"ב	יסוד הוה"י	שעה שישית	יסוד ויה"ה	שעה י"ב	יסוד יוה"ה
דמ"ה דמ"ה		דמ"ה דב"ן		דב"ן דב"ן		דב"ן דמ"ה	

שחרית	מנחה	ערבית
כלי פנימי	כלי אמצעי	כלי חיצון

ו"ק דחג"ת נה"י דנה"י

חג \מועד	יום		יום בשבוע			יום בחודש	חודש	ז"א\נוק
ראש חדש	שישי	א	יסוד			דא"א	דתפארת	דז"א
	שבת	ב	מלכות	ו	שבוע א'	דז"א	דתפארת	דז"א
	ראשון	ג	חסד	ו		דז"א	דתפארת	דז"א
	שני	ד	גבורה	ו		דז"א	דתפארת	דז"א
	שלישי	ה	תפארת	ו		דז"א	דתפארת	דז"א
	רביעי	ו	נצח	ו		דז"א	דתפארת	דז"א
	חמישי	ז	הוד	ו		דז"א	דתפארת	דז"א
	שישי	ח	יסוד	ו		דז"א	דתפארת	דז"א
	שבת	ט	מלכות	י	שבוע ב'	דאבא	דתפארת	דז"א
	ראשון	י	חסד	י		דאבא	דתפארת	דז"א
	שני	יא	גבורה	י		דאבא	דתפארת	דז"א
	שלישי	יב	תפארת	י		דאבא	דתפארת	דז"א
	רביעי	יג	נצח	י		דאבא	דתפארת	דז"א
	חמישי	יד	הוד	י		דאבא	דתפארת	דז"א
	שישי	טו	יסוד	י		דאבא	דתפארת	דז"א
	שבת	טז	מלכות	ה	שבוע ג'	דנוק'	דתפארת	דז"א
	ראשון	יז	חסד	ה		דנוק'	דתפארת	דז"א
	שני	יח	גבורה	ה		דנוק'	דתפארת	דז"א
	שלישי	יט	תפארת	ה		דנוק'	דתפארת	דז"א
	רביעי	כ	נצח	ה		דנוק'	דתפארת	דז"א
	חמישי	כא	הוד	ה		דנוק'	דתפארת	דז"א
	שישי	כב	יסוד	ה		דנוק'	דתפארת	דז"א
	שבת	כג	מלכות	ה	שבוע ד'	דאימא	דתפארת	דז"א
	ראשון	כד	חסד	ה		דאימא	דתפארת	דז"א
א חנוכה	שני	כה	גבורה	ה		דאימא	דתפארת	דז"א
ב חנוכה	שלישי	כו	תפארת	ה		דאימא	דתפארת	דז"א
ג חנוכה	רביעי	כז	נצח	ה		דאימא	דתפארת	דז"א
ד חנוכה	חמישי	כח	הוד	ה		דאימא	דתפארת	דז"א
ה חנוכה	שישי	כט	יסוד	ה		דאימא	דתפארת	דז"א

שנת

תשפ"ו

ז"מ דכ"א ז"מ
א - בלע
ב - יובב
ג - חשם
ד - הדד בן בדד
ה - שמלה
ו - שאול
ז - בן חנן
ר"ח - כולם דכ"א

מ"ה דמ"ה ומ"ה דב"ן

שנה	שמיטה	יובל
דנצח	דהוד	דס"ז

SimchatChaim.com

פרצוף הזמנים – חודש טבת נצח הַיהו"ן יַאהו"ָ עין ימין דז"א

זריחה עד חצות היום		מחצות היום עד השקיעה		מהשקיעה עד חצות הלילה		חצות הלילה עד הזריחה	
שעה ראשונה	חסד יהו"ה	שעה שביעית	חסד והי"ה	שעה ראשונה	חסד והי"ה	שעה שביעית	חסד ההי"ו
שעה שניה	גבורה יהה"ו	שעה שמינית	גבורה והה"י	שעה שניה	גבורה והה"י	שעה שמינית	גבורה ההו"י
שעה שלישית	ת"ת יוה"ה	שעה תשיעית	ת"ת ויה"ה	שעה שלישית	ת"ת ויה"ה	שעה תשיעית	ת"ת היו"ה
שעה רביעית	נצח ההי"ו	שעה עשירית	נצח הוי"ה	שעה רביעית	נצח והי"ה	שעה עשירית	נצח יהו"ה
שעה חמישית	הוד ההו"י	שעה י"א	הוד היה"ו	שעה חמישית	הוד והה"י	שעה י"א	הוד יהה"ו
שעה שישית	יסוד היו"ה	שעה י"ב	יסוד הוה"י	שעה שישית	יסוד ויה"ה	שעה י"ב	יסוד יוה"ה
דמ"ה דמ"ה		דמ"ה דב"ן		דב"ן דב"ן		דב"ן דמ"ה	

שחרית — כלי פנימי

מנחה — כלי אמצעי

ערבית — כלי חיצון

ו"ק דחג"ת נה"י דנה"י

חג \מועד	יום		יום בשבוע		יום בחודש		חודש	ז"א\נוק
ו חנוכה ר"ח	שבת	ל	מלכות					
ז חנוכה ר"ח	ראשון	א	חסד		דא"א		דנצח	דז"א
ח חנוכה	שני	ב	גבורה	ה	דנוק'	שבוע א'	דנצח	דז"א
	שלישי	ג	תפארת	ה	דנוק'		דנצח	דז"א
	רביעי	ד	נצח	ה	דנוק'		דנצח	דז"א
	חמישי	ה	הוד	ה	דנוק'		דנצח	דז"א
	שישי	ו	יסוד	ה	דנוק'		דנצח	דז"א
	שבת	ז	מלכות	ה	דנוק'		דנצח	דז"א
	ראשון	ח	חסד	ה	דנוק'		דנצח	דז"א
	שני	ט	גבורה	י	דאבא	שבוע ב'	דנצח	דז"א
צום י' בטבת	שלישי	י	תפארת	י	דאבא		דנצח	דז"א
	רביעי	יא	נצח	י	דאבא		דנצח	דז"א
	חמישי	יב	הוד	י	דאבא		דנצח	דז"א
	שישי	יג	יסוד	י	דאבא		דנצח	דז"א
	שבת	יד	מלכות	י	דאבא		דנצח	דז"א
	ראשון	טו	חסד	י	דאבא		דנצח	דז"א
	שני	טז	גבורה	ה	דאימא	שבוע ג'	דנצח	דז"א
	שלישי	יז	תפארת	ה	דאימא		דנצח	דז"א
	רביעי	יח	נצח	ה	דאימא		דנצח	דז"א
	חמישי	יט	הוד	ה	דאימא		דנצח	דז"א
	שישי	כ	יסוד	ה	דאימא		דנצח	דז"א
	שבת	כא	מלכות	ה	דאימא		דנצח	דז"א
	ראשון	כב	חסד	ה	דאימא		דנצח	דז"א
	שני	כג	גבורה	ו	דז"א	שבוע ד'	דנצח	דז"א
	שלישי	כד	תפארת	ו	דז"א		דנצח	דז"א
	רביעי	כה	נצח	ו	דז"א		דנצח	דז"א
	חמישי	כו	הוד	ו	דז"א		דנצח	דז"א
	שישי	כז	יסוד	ו	דז"א		דנצח	דז"א
	שבת	כח	מלכות	ו	דז"א		דנצח	דז"א
	ראשון	כט	חסד	ו	דז"א		דנצח	דז"א

שנת

תשפ"ו

ז"מ דכ"א ז"מ
א - בלע
ב - יובב
ג - חשם
ד - הדד בן בדד
ה - שמלה
ו - שאול
ז - בן חנן
ר"ח - כולם דכ"א

מ"ה דמ"ה ומ"ה דב"ן

שנה — דנצח

שמיטה — דהוד

יובל — דס"ז

פרצוף הזמנים – חודש שבט הוד הָיְוָ"הוּ הָאֱיָ"הוּ עין שמאל דז"א

זריחה עד חצות היום		מחצות היום עד השקיעה		מהשקיעה עד חצות הלילה		חצות הלילה עד הזריחה	
שעה ראשונה	חסד יהו"ה	שעה שביעית	חסד והי"ה	שעה ראשונה	חסד והי"ה	שעה שביעית	חסד ההי"ו
שעה שניה	גבורה יהה"ו	שעה שמינית	גבורה וּהה"י	שעה שניה	גבורה וּהה"י	שעה שמינית	גבורה ההו"י
שעה שלישית	ת"ת יוה"ה	שעה תשיעית	ת"ת ויה"ה	שעה שלישית	ת"ת ויה"ה	שעה תשיעית	ת"ת היו"ה
שעה רביעית	נצח ההי"ו	שעה עשירית	נצח הוי"ה	שעה רביעית	נצח והי"ה	שעה עשירית	נצח יהו"ה
שעה חמישית	הוד ההו"י	שעה י"א	הוד היה"ו	שעה חמישית	הוד וּהה"י	שעה י"א	הוד יהה"ו
שעה שישית	יסוד היו"ה	שעה י"ב	יסוד הוה"י	שעה שישית	יסוד ויה"ה	שעה י"ב	יסוד יוה"ה
דמ"ה דמ"ה		דמ"ה דב"ן		דב"ן דב"ן		דב"ן דמ"ה	

שחרית — כלי פנימי
מנחה — כלי אמצעי
ערבית — כלי חיצון

ו"ק דחג"ת נה"י דנה"י

חג\מועד	יום		יום בשבוע		יום בחודש		חודש	ז"א\נוק
ראש חודש	שני	א	גבורה		דא"א		דהוד	דז"א
	שלישי	ב	תפארת	ה	דנוק'	שבוע א'	דהוד	דז"א
	רביעי	ג	נצח	ה	דנוק'		דהוד	דז"א
	חמישי	ד	הוד	ה	דנוק'		דהוד	דז"א
	שישי	ה	יסוד	ה	דנוק'		דהוד	דז"א
	שבת	ו	מלכות	ה	דנוק'		דהוד	דז"א
	ראשון	ז	חסד	ה	דנוק'		דהוד	דז"א
	שני	ח	גבורה	ה	דנוק'		דהוד	דז"א
	שלישי	ט	תפארת	י	דאבא	שבוע ב'	דהוד	דז"א
	רביעי	י	נצח	י	דאבא		דהוד	דז"א
	חמישי	יא	הוד	י	דאבא		דהוד	דז"א
	שישי	יב	יסוד	י	דאבא		דהוד	דז"א
	שבת	יג	מלכות	י	דאבא		דהוד	דז"א
	ראשון	יד	חסד	י	דאבא		דהוד	דז"א
ט"ו בשבט	שני	טו	גבורה	י	דאבא		דהוד	דז"א
	שלישי	טז	תפארת	ו	דז"א	שבוע ג'	דהוד	דז"א
	רביעי	יז	נצח	ו	דז"א		דהוד	דז"א
	חמישי	יח	הוד	ו	דז"א		דהוד	דז"א
	שישי	יט	יסוד	ו	דז"א		דהוד	דז"א
	שבת	כ	מלכות	ו	דז"א		דהוד	דז"א
	ראשון	כא	חסד	ו	דז"א		דהוד	דז"א
	שני	כב	גבורה	ו	דז"א		דהוד	דז"א
	שלישי	כג	תפארת	ה	דאימא	שבוע ד'	דהוד	דז"א
	רביעי	כד	נצח	ה	דאימא		דהוד	דז"א
	חמישי	כה	הוד	ה	דאימא		דהוד	דז"א
	שישי	כו	יסוד	ה	דאימא		דהוד	דז"א
	שבת	כז	מלכות	ה	דאימא		דהוד	דז"א
	ראשון	כח	חסד	ה	דאימא		דהוד	דז"א
	שני	כט	גבורה	ה	דאימא		דהוד	דז"א

שנת

תשפ"ו

ז"מ דכ"א ז"מ
א - בלע
ב - יובב
ג - חשם
ד - הדד בן בדד
ה - שמלה
ו - שאול
ז - בן חנן
ר"ח - כולם דכ"א

מ"ה דמ"ה ומ"ה דב"ן

שנה	שמיטה	יובל
דנצח	דהוד	דס"ז

פרצוף הזמנים – חודש אדר יסוד ההי"ו ההא"ו חוטמא דז"א

זריחה עד חצות היום		מחצות היום עד השקיעה		מהשקיעה עד חצות הלילה		חצות הלילה עד הזריחה	
שעה ראשונה	חסד יהו"ה	שעה שביעית	חסד והי"ה	שעה ראשונה	חסד והי"ה	שעה שביעית	חסד ההי"ו
שעה שניה	גבורה יהה"ו	שעה שמינית	גבורה והה"י	שעה שניה	גבורה והה"י	שעה שמינית	גבורה ההו"י
שעה שלישית	ת"ת יוה"ה	שעה תשיעית	ת"ת ויה"ה	שעה שלישית	ת"ת ויה"ה	שעה תשיעית	ת"ת היו"ה
שעה רביעית	נצח ההי"ו	שעה עשירית	נצח הוי"ה	שעה רביעית	נצח והי"ה	שעה עשירית	נצח יהו"ה
שעה חמישית	הוד ההו"י	שעה י"א	הוד היה"ו	שעה חמישית	הוד והה"י	שעה י"א	הוד יהה"ו
שעה שישית	יסוד היו"ה	שעה י"ב	יסוד הוה"י	שעה שישית	יסוד ויה"ה	שעה י"ב	יסוד יוה"ה
דמ"ה דמ"ה		דמ"ה דב"ן		דב"ן דב"ן		דב"ן דמ"ה	

שחרית	מנחה	ערבית
כלי פנימי	כלי אמצעי	כלי חיצון

ו"ק דחג"ת נה"י דנה"י

חג \מועד	יום		יום בשבוע		יום בחודש		חודש	ז"א\נוק
ראש חדש	שלישי	ל	תפארת		דא"א		דיסוד	דז"א
ראש חדש	רביעי	א	נצח		דא"א		דיסוד	דז"א
	חמישי	ב	הוד	ה	דנוק'	שבוע א'	דיסוד	דז"א
	שישי	ג	יסוד	ה	דנוק'		דיסוד	דז"א
	שבת	ד	מלכות	ה	דנוק'		דיסוד	דז"א
	ראשון	ה	חסד	ה	דנוק'		דיסוד	דז"א
	שני	ו	גבורה	ה	דנוק'		דיסוד	דז"א
	שלישי	ז	תפארת	ה	דנוק'		דיסוד	דז"א
	רביעי	ח	נצח	ה	דנוק'		דיסוד	דז"א
	חמישי	ט	הוד	ה	דאימא	שבוע ב	דיסוד	דז"א
	שישי	י	יסוד	ה	דאימא		דיסוד	דז"א
	שבת	יא	מלכות	ה	דאימא		דיסוד	דז"א
	ראשון	יב	חסד	ה	דאימא		דיסוד	דז"א
תענית אסתר	שני	יג	גבורה	ה	דאימא		דיסוד	דז"א
פורים	שלישי	יד	תפארת	ה	דאימא		דיסוד	דז"א
שושן פורים	רביעי	טו	נצח	ה	דאימא		דיסוד	דז"א
	חמישי	טז	הוד	י	דאבא	שבוע ג'	דיסוד	דז"א
	שישי	יז	יסוד	י	דאבא		דיסוד	דז"א
	שבת	יח	מלכות	י	דאבא		דיסוד	דז"א
	ראשון	יט	חסד	י	דאבא		דיסוד	דז"א
	שני	כ	גבורה	י	דאבא		דיסוד	דז"א
	שלישי	כא	תפארת	י	דאבא		דיסוד	דז"א
	רביעי	כב	נצח	י	דאבא		דיסוד	דז"א
	חמישי	כג	הוד	ו	דז"א	שבוע ד	דיסוד	דז"א
	שישי	כד	יסוד	ו	דז"א		דיסוד	דז"א
	שבת	כה	מלכות	ו	דז"א		דיסוד	דז"א
	ראשון	כו	חסד	ו	דז"א		דיסוד	דז"א
	שני	כז	גבורה	ו	דז"א		דיסוד	דז"א
	שלישי	כח	תפארת	ו	דז"א		דיסוד	דז"א
	רביעי	כט	נצח	ו	דז"א		דיסוד	דז"א

שנת

תשפ"ו

ז"מ דכ"א ז"מ
א - בלע
ב - יובב
ג - חשם
ד - הדד בן בדד
ה - שמלה
ו - שאול
ז - בן חנן
ר"ח - כולם דכ"א

מ"ה דמ"ה ומ"ה דב"ן

שנה	שמיטה	יובל
דנצח	דהוד	דס"ז

פַּרְצוּף הַזְּמַנִּים – זֹחֹדֶשׁ נִיסָן זֹחסד יְהֹוָ"ה אֲהִי"ָה גֻּלְגַּלְתָּא דְּנוּקָ'

חצות הלילה עד הזריחה		מהשקיעה עד חצות הלילה		מחצות היום עד השקיעה		זריחה עד חצות היום	
חסד ה**הי"**ו	שעה שביעית	חסד ו**הי"**ה	שעה ראשונה	חסד **והי"**ה	שעה שביעית	חסד **יהו"**ה	שעה ראשונה
גבורה ה**הו"**י	שעה שמינית	גבורה ו**הה"**י	שעה שניה	גבורה ו**הה"**י	שעה שמינית	גבורה **יהה"**ו	שעה שניה
ת"ת ה**יו"**ה	שעה תשיעית	ת"ת ו**יה"**ה	שעה שלישית	ת"ת ו**יה"**ה	שעה תשיעית	ת"ת **יוה"**ה	שעה שלישית
נצח **יהו"**ה	שעה עשירית	נצח ו**הי"**ה	שעה רביעית	נצח **הוי"**ה	שעה עשירית	נצח **ההי"**ו	שעה רביעית
הוד **יהה"**ו	שעה י"א	הוד ו**הה"**י	שעה חמישית	הוד **היה"**ו	שעה י"א	הוד **ההו"**י	שעה חמישית
יסוד **יוה"**ה	שעה י"ב	יסוד ו**יה"**ה	שעה שישית	יסוד **הוה"**י	שעה י"ב	יסוד **היו"**ה	שעה שישית
דב"ן דמ"ה		דב"ן דב"ן		דמ"ה דב"ן		דמ"ה דמ"ה	

שחרית   מנחה   ערבית

כלי פנימי   **כלי אמצעי**   **כלי חיצון**

ו"ק דזו"ג נה"י דנה"י

שנת תשפ"ו

ז\או"בק	חודש	יום בחודש		יום בשבוע	יום	חג\מועד
דנוק'	דחסד	דא"א		הוד	א	**ראש חדש**
דנוק'	דחסד	דאבא	י	יסוד	ב	שישי
דנוק'	דחסד	דאבא	י	מלכות	ג	שבת
דנוק'	דחסד	דאבא	י	חסד	ד	ראשון
דנוק'	דחסד	דאבא	י	גבורה	ה	שני
דנוק'	דחסד	דאבא	י	תפארת	ו	שלישי
דנוק'	דחסד	דאבא	י	נצח	ז	רביעי
דנוק'	דחסד	דאבא	י	הוד	ח	חמישי
דנוק'	דחסד	דאימא	ה	יסוד	ט	שישי
דנוק'	דחסד	דאימא	ה	מלכות	י	שבת	השבת הגדול
דנוק'	דחסד	דאימא	ה	חסד	יא	ראשון
דנוק'	דחסד	דאימא	ה	גבורה	יב	שני
דנוק'	דחסד	דאימא	ה	תפארת	יג	שלישי
דנוק'	דחסד	דאימא	ה	נצח	יד	רביעי	ערב פסח
דנוק'	דחסד	דאימא	ה	הוד	טו	חמישי	**פסח**
דנוק'	דחסד	דז"א	ו	יסוד	טז	שישי	חול המועד
דנוק'	דחסד	דז"א	ו	מלכות	יז	שבת	חול המועד
דנוק'	דחסד	דז"א	ו	חסד	יח	ראשון	חול המועד
דנוק'	דחסד	דז"א	ו	גבורה	יט	שני	חול המועד
דנוק'	דחסד	דז"א	ו	תפארת	כ	שלישי	חול המועד
דנוק'	דחסד	דז"א	ו	נצח	כא	רביעי	**שביעי דפסח**
דנוק'	דחסד	דז"א	ו	הוד	כב	חמישי
דנוק'	דחסד	דנוקבא	ה	יסוד	כג	שישי
דנוק'	דחסד	דנוקבא	ה	מלכות	כד	שבת
דנוק'	דחסד	דנוקבא	ה	חסד	כה	ראשון
דנוק'	דחסד	דנוקבא	ה	גבורה	כו	שני
דנוק'	דחסד	דנוקבא	ה	תפארת	כז	שלישי
דנוק'	דחסד	דנוקבא	ה	נצח	כח	רביעי
דנוק'	דחסד	דנוקבא	ה	הוד	כט	חמישי

עומר: א ב ג ד ה ו ז ח ט י יא יב יג יד

ז"מ דכ"א ז"מ
א - בלע
ב - יובב
ג - חשם
ד - הדד בן בדד
ה - שמלה
ו - שאול
ז - בן חנן
ר"ח - כולם דכ"א

בֵ"ן דמ"ה ובֵ"ן דב"ן

שנה   שמיטה   יובל

דנצ"ח   דהו"ד   דס"ז

SimchatChaim.com

פרצוף הזמנים – זדש איר גבורה יְהֲהָ"וְ אֲהַהָ"יְ אוֹן ימין דנוק'

זריחה עד חצות היום		מחצות היום עד השקיעה		מהשקיעה עד חצות הלילה		חצות הלילה עד הזריחה	
שעה ראשונה	חסד **יהו"ה**	שעה שביעית	חסד **והי"ה**	שעה ראשונה	חסד **והי"ה**	שעה שביעית	חסד **ההי"ו**
שעה שניה	גבורה **יהה"ו**	שעה שמינית	גבורה **והה"י**	שעה שניה	גבורה **והה"י**	שעה שמינית	גבורה **ההי"ו**
שעה שלישית	ת"ת **יוה"ה**	שעה תשיעית	ת"ת **ויה"ה**	שעה שלישית	ת"ת **ויה"ה**	שעה תשיעית	ת"ת **היו"ה**
שעה רביעית	נצח **ההי"ו**	שעה עשירית	נצח **הוי"ה**	שעה רביעית	נצח **והה"י**	שעה עשירית	נצח **יהו"ה**
שעה חמישית	הוד **ההו"י**	שעה י"א	הוד **היו"ה**	שעה חמישית	הוד **והה"י**	שעה י"א	הוד **יהה"ו**
שעה שישית	יסוד **היו"ה**	שעה י"ב	יסוד **הוה"י**	שעה שישית	יסוד **ויה"ה**	שעה י"ב	יסוד **יוה"ה**
דמ"ה דמ"ה		דמ"ה דב"ן		דב"ן דב"ן		דב"ן דמ"ה	

שחרית   מנחה   ערבית

כלי פנימי   כלי אמצעי   כלי חיצון

ו"ק דזוג"ת נה"י דנה"י

שנת תשפ"ו

עומר	ז"א\ברק	חודש	יום בחודש		יום בשבוע		יום	חג\מועד
טו	דגבורה	דא"א		גבורה	ל	שישי	ראש חדש
טז	דגבורה	דא"א		תפארת	א	שבת	ראש חדש
יז	דגבורה	דאבא	י	נצח	ב	ראשון	
יח	דגבורה	דאבא	י	הוד	ג	שני	
יט	דגבורה	דאבא	י (אהג)	יסוד	ד	שלישי	
כ	דגבורה	דאבא	י	מלכות	ה	רביעי	
כא	דגבורה	דאבא	י	חסד	ו	חמישי	
כב	דגבורה	דאבא	י	גבורה	ז	שישי	
כג	דגבורה	דאבא	י	תפארת	ח	שבת	
כד	דגבורה	דאימא	ה	נצח	ט	ראשון	
כה	דגבורה	דאימא	ה	הוד	י	שני	
כו	דגבורה	דאימא	ה (אהג)	יסוד	יא	שלישי	
כז	דגבורה	דאימא	ה	מלכות	יב	רביעי	
כח	דגבורה	דאימא	ה	חסד	יג	חמישי	
כט	דגבורה	דאימא	ה	גבורה	יד	שישי	פסח שני
ל	דגבורה	דאימא	ה	תפארת	טו	שבת	
לא	דגבורה	דנוק'	ה	נצח	טז	ראשון	
לב	דגבורה	דנוק'	ה	הוד	יז	שני	
לג	דגבורה	דנוק'	ה (אהג)	יסוד	יח	שלישי	ל"ג בעומר
לד	דגבורה	דנוק'	ה	מלכות	יט	רביעי	
לה	דגבורה	דנוק'	ה	חסד	כ	חמישי	
לו	דגבורה	דנוק'	ה	גבורה	כא	שישי	
לז	דגבורה	דנוק'	ה	תפארת	כב	שבת	
לח	דגבורה	דז"א	ו	נצח	כג	ראשון	
לט	דגבורה	דז"א	ו	הוד	כד	שני	
מ	דגבורה	דז"א	ו (אהג)	יסוד	כה	שלישי	
מא	דגבורה	דז"א	ו	מלכות	כו	רביעי	
מב	דגבורה	דז"א	ו	חסד	כז	חמישי	
מג	דגבורה	דז"א	ו	גבורה	כח	שישי	
מד	דגבורה	דז"א	ו	תפארת	כט	שבת	

ז"מ דכ"א ז"מ
- א - בלע
- ב - יובב
- ג - חשם
- ד - הדד בן בדד
- ה - שמלה
- ו - שאול
- ז - בן חנן
- ר"ח - כולם דכ"א

בן דמ"ה ובן דב"ן

שנה	שמיטה	יובל
דנצח	דהוד	דס"ז

פרצוף הזמנים – חודש סיון תפארת יְוּהַ"הַ אֶיוּהַ"הַ אזן שמאל דנוק'

זריחה עד חצות היום		מחצות היום עד השקיעה		מהשקיעה עד חצות הלילה		חצות הלילה עד הזריחה	
שעה ראשונה	חסד יהו"ה	שעה שביעית	חסד והי"ה	שעה ראשונה	חסד והי"ה	שעה שביעית	חסד ההי"ו
שעה שניה	גבורה יהה"ו	שעה שמינית	גבורה והה"י	שעה שניה	גבורה והה"י	שעה שמינית	גבורה ההו"י
שעה שלישית	ת"ת יוה"ה	שעה תשיעית	ת"ת ויה"ה	שעה שלישית	ת"ת ויה"ה	שעה תשיעית	ת"ת היו"ה
שעה רביעית	נצח ההי"ו	שעה עשירית	נצח הוי"ה	שעה רביעית	נצח והי"ה	שעה עשירית	נצח יהו"ה
שעה חמישית	הוד ההו"י	שעה י"א	הוד היה"ו	שעה חמישית	הוד והה"י	שעה י"א	הוד יהה"ו
שעה שישית	יסוד היו"ה	שעה י"ב	יסוד הוה"י	שעה שישית	יסוד ויה"ה	שעה י"ב	יסוד יוה"ה
דמ"ה דמ"ה		דמ"ה דב"ן		דב"ן דב"ן		דב"ן דמ"ה	

שחרית — מנחה — ערבית

כלי פנימי — כלי אמצעי — כלי חיצון

ו"ק דחג"ת נה"י דנה"י

חג\מועד	יום		יום בשבוע		יום בחודש		חודש	ז"א\נוק	עומר
ראש חדש	ראשון	א	חסד		דא"א		דתפארת	דנוק'	מה
	שני	ב	גבורה	י	דאבא	שבוע א'	דתפארת	דנוק'	מו
	שלישי	ג	תפארת	י	דאבא		דתפארת	דנוק'	מז
	רביעי	ד	נצח	י	דאבא		דתפארת	דנוק'	מח
	חמישי	ה	הוד	י	דאבא		דתפארת	דנוק'	מט
שבועות	שישי	ו	יסוד	י	דאבא		דתפארת	דנוק'	
	שבת	ז	מלכות	י	דאבא		דתפארת	דנוק'	
	ראשון	ח	חסד	י	דאבא		דתפארת	דנוק'	
	שני	ט	גבורה	ו	דז"א	שבוע ב'	דתפארת	דנוק'	
	שלישי	י	תפארת	ו	דז"א		דתפארת	דנוק'	
	רביעי	יא	נצח	ו	דז"א		דתפארת	דנוק'	
	חמישי	יב	הוד	ו	דז"א		דתפארת	דנוק'	
	שישי	יג	יסוד	ו	דז"א		דתפארת	דנוק'	
	שבת	יד	מלכות	ו	דז"א		דתפארת	דנוק'	
	ראשון	טו	חסד	ו	דז"א		דתפארת	דנוק'	
	שני	טז	גבורה	ה	דאימא	שבוע ג'	דתפארת	דנוק'	
	שלישי	יז	תפארת	ה	דאימא		דתפארת	דנוק'	
	רביעי	יח	נצח	ה	דאימא		דתפארת	דנוק'	
	חמישי	יט	הוד	ה	דאימא		דתפארת	דנוק'	
	שישי	כ	יסוד	ה	דאימא		דתפארת	דנוק'	
	שבת	כא	מלכות	ה	דאימא		דתפארת	דנוק'	
	ראשון	כב	חסד	ה	דאימא		דתפארת	דנוק'	
	שני	כג	גבורה	ה	דנוקבא	שבוע ד'	דתפארת	דנוק'	
	שלישי	כד	תפארת	ה	דנוקבא		דתפארת	דנוק'	
	רביעי	כה	נצח	ה	דנוקבא		דתפארת	דנוק'	
	חמישי	כו	הוד	ה	דנוקבא		דתפארת	דנוק'	
	שישי	כז	יסוד	ה	דנוקבא		דתפארת	דנוק'	
	שבת	כח	מלכות	ה	דנוקבא		דתפארת	דנוק'	
	ראשון	כט	חסד	ה	דנוקבא		דתפארת	דנוק'	

שנת

תשפ"ו

ז"מ דכ"א ז"מ
א - בלע
ב - יובב
ג - חשם
ד - הדד בן בדד
ה - שמלה
ו - שאול
ז - בן חנן
ר"ח - כולם דכ"א

ב"ן דמ"ה וב"ן דב"ן

שנה	שמיטה	יובל
דנצח	דהוד	דס"ו

SimchatChaim.com

פרצוף הזמנים – חודש תמוז נצח הוה"י היה"א עין ימין דנוק'

זריחה עד חצות היום		מחצות היום עד השקיעה		מהשקיעה עד חצות הלילה		חצות הלילה עד הזריחה	
שעה ראשונה	חסד יהו"ה	שעה שביעית	חסד והי"ה	שעה ראשונה	חסד והי"ה	שעה שביעית	חסד ההי"ו
שעה שניה	גבורה יהה"ו	שעה שמינית	גבורה והה"י	שעה שניה	גבורה והה"י	שעה שמינית	גבורה ההו"י
שעה שלישית	ת"ת יוה"ה	שעה תשיעית	ת"ת ויה"ה	שעה שלישית	ת"ת ויה"ה	שעה תשיעית	ת"ת היו"ה
שעה רביעית	נצח ההי"ו	שעה עשירית	נצח הוי"ה	שעה רביעית	נצח והי"ה	שעה עשירית	נצח יהו"ה
שעה חמישית	הוד ההו"י	שעה י"א	הוד היה"ו	שעה חמישית	הוד והה"י	שעה י"א	הוד יהה"ו
שעה שישית	יסוד היו"ה	שעה י"ב	יסוד הוה"י	שעה שישית	יסוד ויה"ה	שעה י"ב	יסוד יוה"ה
דמ"ה דמ"ה		דמ"ה דב"ן		דב"ן דב"ן		דב"ן דמ"ה	

שחרית מנחה ערבית

כלי פנימי כלי אמצעי כלי חיצון

ו"ק דחג"ת נה"י דנה"י

חג \מועד	יום		יום בשבוע			יום בחודש	חודש	ז"א\נוק
ראש חדש	שני	ל	גבורה			דא"א	דנצח	דנוק'
ראש חדש	שלישי	א	תפארת			דא"א	דנצח	דנוק'
	רביעי	ב	נצח	ה	שבוע א'	דאימא	דנצח	דנוק'
	חמישי	ג	הוד	ה		דאימא	דנצח	דנוק'
	שישי	ד	יסוד	ה		דאימא	דנצח	דנוק'
	שבת	ה	מלכות	ה		דאימא	דנצח	דנוק'
	ראשון	ו	חסד	ה		דאימא	דנצח	דנוק'
	שני	ז	גבורה	ה		דאימא	דנצח	דנוק'
	שלישי	ח	תפארת	ה		דאימא	דנצח	דנוק'
	רביעי	ט	נצח	ו	שבוע ב'	דז"א	דנצח	דנוק'
	חמישי	י	הוד	ו		דז"א	דנצח	דנוק'
	שישי	יא	יסוד	ו		דז"א	דנצח	דנוק'
	שבת	יב	מלכות	ו		דז"א	דנצח	דנוק'
	ראשון	יג	חסד	ו		דז"א	דנצח	דנוק'
	שני	יד	גבורה	ו		דז"א	דנצח	דנוק'
	שלישי	טו	תפארת	ו		דז"א	דנצח	דנוק'
	רביעי	טז	נצח	ה	שבוע ג'	דנוק'	דנצח	דנוק'
צום י"ז בתמוז	חמישי	יז	הוד	ה		דנוק'	דנצח	דנוק'
	שישי	יח	יסוד	ה		דנוק'	דנצח	דנוק'
	שבת	יט	מלכות	ה		דנוק'	דנצח	דנוק'
	ראשון	כ	חסד	ה		דנוק'	דנצח	דנוק'
	שני	כא	גבורה	ה		דנוק'	דנצח	דנוק'
	שלישי	כב	תפארת	ה		דנוק'	דנצח	דנוק'
	רביעי	כג	נצח	י	שבוע ד'	דאבא	דנצח	דנוק'
	חמישי	כד	הוד	י		דאבא	דנצח	דנוק'
	שישי	כה	יסוד	י		דאבא	דנצח	דנוק'
	שבת	כו	מלכות	י		דאבא	דנצח	דנוק'
	ראשון	כז	חסד	י		דאבא	דנצח	דנוק'
	שני	כח	גבורה	י		דאבא	דנצח	דנוק'
	שלישי	כט	תפארת	י		דאבא	דנצח	דנוק'

שנת

תשפ"ו

ז"מ דכ"א ז"מ
א - בלע
ב - יובב
ג - חשם
ד - הדד בן בדד
ה - שמלה
ו - שאול
ז - בן חנן
ר"ח - כולם דכ"א

ב"ן דמ"ה וב"ן דב"ן

שנה	שמיטה	יובל
דנצח	דהוד	דס"ז

פרצוף הזמנים – חודש אב הוד הוי"ה היא"ה עין שמאל דנוק'

זריחה עד חצות היום		מחצות היום עד השקיעה		מהשקיעה עד חצות הלילה		חצות הלילה עד הזריחה	
שעה ראשונה	חסד יהו"ה	שעה שביעית	חסד והי"ה	שעה ראשונה	חסד והי"ה	שעה שביעית	חסד ההי"ו
שעה שניה	גבורה יהה"ו	שעה שמינית	גבורה וחה"י	שעה שניה	גבורה והה"י	שעה שמינית	גבורה ההו"י
שעה שלישית	ת"ת יוה"ה	שעה תשיעית	ת"ת ויה"ה	שעה שלישית	ת"ת ויה"ה	שעה תשיעית	ת"ת היו"ה
שעה רביעית	נצח ההי"ו	שעה עשירית	נצח הוי"ה	שעה רביעית	נצח והי"ה	שעה עשירית	נצח יהו"ה
שעה חמישית	הוד ההו"י	שעה י"א	הוד היה"ו	שעה חמישית	הוד והה"י	שעה י"א	הוד יהה"ו
שעה שישית	יסוד היו"ה	שעה י"ב	יסוד הוה"י	שעה שישית	יסוד ויה"ה	שעה י"ב	יסוד יוה"ה

דמ"ה דמ"ה — דמ"ה דב"ן — דב"ן דב"ן — דב"ן דמ"ה

שחרית — מנחה — ערבית

כלי פנימי — כלי אמצעי — כלי חיצון

ו"ק דחג"ת נה"י דנה"י

חג \ מועד	יום		יום בשבוע		יום בחודש		חודש	ז"א\נוק
ראש חודש	רביעי	א	נצח			דא"א	דהוד	דנוק'
	חמישי	ב	הוד	ה	שבוע א'	דאימא	דהוד	דנוק'
	שישי	ג	יסוד	ה		דאימא	דהוד	דנוק'
	שבת	ד	מלכות	ה		דאימא	דהוד	דנוק'
	ראשון	ה	חסד	ה		דאימא	דהוד	דנוק'
	שני	ו	גבורה	ה		דאימא	דהוד	דנוק'
	שלישי	ז	תפארת	ה		דאימא	דהוד	דנוק'
	רביעי	ח	נצח	ה		דאימא	דהוד	דנוק'
צום ט' באב	חמישי	ט	הוד	ו	שבוע ב'	דז"א	דהוד	דנוק'
	שישי	י	יסוד	ו		דז"א	דהוד	דנוק'
	שבת	יא	מלכות	ו		דז"א	דהוד	דנוק'
	ראשון	יב	חסד	ו		דז"א	דהוד	דנוק'
	שני	יג	גבורה	ו		דז"א	דהוד	דנוק'
	שלישי	יד	תפארת	ו		דז"א	דהוד	דנוק'
ט"ו באב	רביעי	טו	נצח	ו		דז"א	דהוד	דנוק'
	חמישי	טז	הוד	י	שבוע ג'	דאבא	דהוד	דנוק'
	שישי	יז	יסוד	י		דאבא	דהוד	דנוק'
	שבת	יח	מלכות	י		דאבא	דהוד	דנוק'
	ראשון	יט	חסד	י		דאבא	דהוד	דנוק'
	שני	כ	גבורה	י		דאבא	דהוד	דנוק'
	שלישי	כא	תפארת	י		דאבא	דהוד	דנוק'
	רביעי	כב	נצח	י		דאבא	דהוד	דנוק'
	חמישי	כג	הוד	ה	שבוע ד'	דנוק'	דהוד	דנוק'
	שישי	כד	יסוד	ה		דנוק'	דהוד	דנוק'
	שבת	כה	מלכות	ה		דנוק'	דהוד	דנוק'
	ראשון	כו	חסד	ה		דנוק'	דהוד	דנוק'
	שני	כז	גבורה	ה		דנוק'	דהוד	דנוק'
	שלישי	כח	תפארת	ה		דנוק'	דהוד	דנוק'
	רביעי	כט	נצח	ה		דנוק'	דהוד	דנוק'

שנת

תשפ"ו

ז"מ דכ"א ז"מ
א - בלע
ב - יובב
ג - חשם
ד - הדד בן בדד
ה - שמלה
ו - שאול
ז - בן חנן
ר"ה - כולם דכ"א

ב"ן דמ"ה וב"ן דב"ן

שנה — שמיטה — יובל

דנצח — דהוד — דס"ז

SimchatChaim.com

פרצוף הזמנים – חודש אלול יסוד הוהו"י הוהי"א חוטמא דנוק'

זריחה עד חצות היום		מחצות היום עד השקיעה		מהשקיעה עד חצות הלילה		חצות הלילה עד הזריחה	
שעה ראשונה	חסד **יהו"ה**	שעה שביעית	חסד **והי"ה**	שעה ראשונה	חסד **והי"ה**	שעה שביעית	חסד **ההי"ו**
שעה שניה	גבורה **יהה"ו**	שעה שמינית	גבורה **והה"י**	שעה שניה	גבורה **והה"י**	שעה שמינית	גבורה **ההו"י**
שעה שלישית	ת"ת **יוה"ה**	שעה תשיעית	ת"ת **ויה"ה**	שעה שלישית	ת"ת **ויה"ה**	שעה תשיעית	ת"ת **היו"ה**
שעה רביעית	נצח **ההי"ו**	שעה עשירית	נצח **הוי"ה**	שעה רביעית	נצח **והי"ה**	שעה עשירית	נצח **יהו"ה**
שעה חמישית	הוד **ההו"י**	שעה י"א	הוד **היה"ו**	שעה חמישית	הוד **והה"י**	שעה י"א	הוד **יהה"ו**
שעה שישית	יסוד **היו"ה**	שעה י"ב	יסוד **הוה"י**	שעה שישית	יסוד **ויה"ה**	שעה י"ב	יסוד **יוה"ה**
דמ"ה דמ"ה		דמ"ה דב"ן		דב"ן דב"ן		דב"ן דמ"ה	

שחרית	מנחה	ערבית
כלי פנימי	כלי אמצעי	כלי חיצון

ו"ק דחג"ת נה"י דנה"י

חג \מועד	יום		יום בשבוע		יום בחודש		חודש	ז"א\נוק
ראש חדש	חמישי	**ל**	הוד		**דא"א**		דיסוד	דנוק'
ראש חדש	שישי	**א**	יסוד		**דא"א**		דיסוד	דנוק'
	שבת	**ב**	מלכות	ה	דאימא	שבוע א'	דיסוד	דנוק'
	ראשון	**ג**	חסד	ה	דאימא		דיסוד	דנוק'
	שני	**ד**	גבורה	ה	דאימא		דיסוד	דנוק'
	שלישי	**ה**	תפארת	ה	דאימא		דיסוד	דנוק'
	רביעי	**ו**	נצח	ה	דאימא		דיסוד	דנוק'
	חמישי	**ז**	הוד	ה	דאימא		דיסוד	דנוק'
	שישי	**ח**	יסוד	ה	דאימא		דיסוד	דנוק'
	שבת	**ט**	מלכות	ה	דנוק'	שבוע ב'	דיסוד	דנוק'
	ראשון	**י**	חסד	ה	דנוק'		דיסוד	דנוק'
	שני	**יא**	גבורה	ה	דנוק'		דיסוד	דנוק'
	שלישי	**יב**	תפארת	ה	דנוק'		דיסוד	דנוק'
	רביעי	**יג**	נצח	ה	דנוק'		דיסוד	דנוק'
	חמישי	**יד**	הוד	ה	דנוק'		דיסוד	דנוק'
	שישי	**טו**	יסוד	ה	דנוק'		דיסוד	דנוק'
	שבת	**טז**	מלכות	ו	דז"א	שבוע ג'	דיסוד	דנוק'
	ראשון	**יז**	חסד	ו	דז"א		דיסוד	דנוק'
	שני	**יח**	גבורה	ו	דז"א		דיסוד	דנוק'
	שלישי	**יט**	תפארת	ו	דז"א		דיסוד	דנוק'
	רביעי	**כ**	נצח	ו	דז"א		דיסוד	דנוק'
	חמישי	**כא**	הוד	ו	דז"א		דיסוד	דנוק'
	שישי	**כב**	יסוד	ו	דז"א		דיסוד	דנוק'
	שבת	**כג**	מלכות	י	דאבא	שבוע ד'	דיסוד	דנוק'
	ראשון	**כד**	חסד	י	דאבא		דיסוד	דנוק'
	שני	**כה**	גבורה	י	דאבא		דיסוד	דנוק'
	שלישי	**כו**	תפארת	י	דאבא		דיסוד	דנוק'
	רביעי	**כז**	נצח	י	דאבא		דיסוד	דנוק'
	חמישי	**כח**	הוד	י	דאבא		דיסוד	דנוק'
	שישי	**כט**	יסוד	י	דאבא		דיסוד	דנוק'

שנת

תשפ"ו

ז"מ דכ"א ז"מ
א - בלע
ב - יובב
ג - חשם
ד - הדד בן בדד
ה - שמלה
ו - שאול
ז - בן חנן
ר"ח - כולם דכ"א

ב"ן דמ"ה וב"ן דב"ן

שנה	שמיטה	יובל
דנצח	**דהוד**	**דס"ז**